AF464696

ESTAT

PRÉSENT

DE L'EGLISE

ET DE LA

COLONIE FRANÇAISE

DANS LA

NOUVELLE-FRANCE,

PAR M. L'ÉVEQUE DE QUEBEC.

QUÉBEC ·

J. B. ROLLAND & FILS, à Montréal.

1856.

Jean euesque de quebec

NOTES

SUR SA GRANDEUR

MONSEIGNEUR DE S. VALIER,

Second Evêque de Québec.

En présentant au lecteur une nouvelle édition de l'intéressant travail de Monseigneur de S. Valier, second Evêque de Québec, nous croyons devoir la faire précéder d'une notice sur ce grand prélat et de l'exposé des raisons qui le déterminèrent à faire cette publication.

Monseigneur JEAN-BAPTISTE DE LA CROIX CHEVRIERES DE S. VALIER naquit à Grenoble, le 14 Novembre, 1653. Il descendait d'une famille distinguée qui avait déjà donné à l'Eglise des prélats vertueux et instruits. Deux de ses oncles avaient successivement occupé le siége épiscopal de Grenoble, de 1607 à 1620.

Après avoir fait ses études cléricales avec distinction, monsieur l'abbé de S. Valier fut appelé à la Cour de Louis XIV en qualité d'aumônier, poste qui s'accordait peu avec la modestie d'un jeune lévite qui n'avait qu'une seule ambition, celle de se dévouer à faire le catéchisme aux enfants, à prêcher dans les campagnes et à travailler aux missions.

Monseigneur François de Laval, premier Evêque de Québec, ayant passé en Europe, en 1684, pour décider le Roi de France à lui donner un successeur au siége Episcopal de Québec, parce que le fardeau de l'épiscopat était devenu incompatible avec le mauvais état de sa santé, ruinée par un apostolat ardu et laborieux de vingt-cinq à vingt-six ans dans cette colonie naissante, Sa Grandeur réussit à négocier sa résignation au siége de Québec et la nomination de Mr. l'abbé de S. Valier, qu'il avait recommandé pour lui succéder, à la charge qu'il laisserait vacante, en signant sa démission.

Déjà, quelques années auparavant, Monseigneur de Québec avait prié le Révd. Père Louis de Valois, jésuite, et M. Tronson, supérieur de la maison de S. Sulpice de Paris, de lui choisir un coadjuteur sur qui il pût se reposer en se déchargeant d'une partie des fonctions délicates et pénibles de l'Episcopat ; et, ces hommes, si renommés par leur tact et leur discernement profond, avaient fait connaître l'abbé de S. Valier comme l'homme du clergé de Paris qui réunissait au plus haut degré les vertus d'abnégation, de zèle, et les autres conditions requises pour administrer dignement l'église de la Nouvelle-France.

On avait désiré, lors de l'établissement de l'Ile de Montréal (1641), en augmenter rapidement la population, en favorisant l'immigration sur une grande échelle, et de plus établir un Evêché. On revint à cette idée en 1656, et même Monsieur l'abbé de Quaylus fut en cette qualité présenté à l'assemblée du clergé de France. La nomination de Monseigneur de Laval à l'administration spirituelle de la colonie, en 1659, avec le titre de vicaire-apostolique et la jurisdiction sur toute la Nouvelle-France, avait quelque peu ralenti les démarches des personnes qui tenaient à la réalisation de ce plan ; mais on semblait y revenir de tems à autre ; aussi voyons-nous quelque part que les instances renouvelées à diverses époques en ce sens avaient déterminé quelques personnages à faire des observations, surtout lorsqu'ils virent la Cour de France décidée à presser l'érection de Québec en Evêché. Cette mesure ne sembla néanmoins mettre aucunement terme aux dispositions de quelques particuliers, isolés et peu influents, disposés en toutes façons à favoriser Montréal, sans viser toutefois à agir directement au préjudice de Québec. On représenta plus tard, lors de la résignation de Monseigneur de Laval (1684-1688), qu'il convenait que le nouvel Evêque résidât à Montréal, puisque cette ville était, disait-on, le centre de la population de la colonie, qu'elle était d'un accès plus facile pour les missions de l'Ouest ; et, qu'en outre, à la rigueur, il valait mieux en définitive avoir deux Evêchés dans le Canada, si toutefois on ne se décidait pas à transférer à Montréal le siége épiscopal de Québec. On ne doit voir en tout ceci que les effets d'une louable émulation.

Monsieur l'abbé de S. Valier écoutait toutes ces représentations avec calme et se gardait bien de se prononcer contre les divers projets émis, combattus et rajustés. On l'obséda en toutes manières pour lui faire agréer tantôt un plan tantôt un autre. Mais il tint ferme. Pour ne pas froisser les idées des uns, en se refusant de prêter attention à leurs suggestions, dans la crainte de se compromettre et de ne pas faire tout le bien désirable en donnant trop facilement les mains aux projets des autres, Monsieur l'abbé de S. Valier demanda à venir au Canada, pour prendre connaissance des hommes et des choses du pays avant de se charger définitivement de son administration. D'autres affaires sur lesquelles il avait à se prononcer, comme l'union des cures au séminaire qu'il fallait dissoudre, l'établissement des Récollets dans la ville, etc., etc., etc., nécessitaient des connaissances qu'il ne pouvait recueillir que par lui-même et sur les lieux. Cette détermination, indice d'un esprit droit et prudent, fut agréée de tout le monde. La Cour de France, tout en sollicitant son institution canonique, se réservait d'adopter d'autres expédients, si effectivement la nature des choses présentait quelque inconvénient imprévu. Le rapport de Monseigneur de S. Valier devait en outre faciliter le retour au Canada de l'ancien Evêque de Québec, ou l'empêcher définitivement d'y revenir, selon que l'état des affaires eût demandé son retour dans la colonie ou eût permis de le retenir en France. Sur ce, Monseigneur l'Evêque de Québec (Mgr. de Laval) lui donna des lettres de grand-vicaire pour faciliter ses enquêtes, ses visites et les connaissances qu'il voulait acquérir sur les affaires de la colonie.

C'est donc en qualité de grand-vicaire de Monseigneur l'Evêque de Québec que Monsieur de S. Valier, Evêque élu de Québec, se rendit dans cette colonie pour prendre par lui-même une exacte connaissance des affaires et de la disposition des esprits. Monseigneur de Laval, resté en France, avait à s'occuper de terminer diverses affaires, pour remettre à son successeur en office ses pouvoirs, ses charges, et ses attributions afin qu'il procédât seul, avec une entière indépendance, à la direction des affaires.

Monsieur l'abbé de S. Valier ne consultant que son zèle, partit de France pour le Canada dans le mois de mai, 1685, et débarqua à Québec, le 29 juillet, accompagné de Monsieur le Marquis de Denonville, appointé par le Roi au Gouvernement de la Nouvelle-France, et de plusieurs prêtres qui se dévouaient aux missions du Canada.

Son livre est un compte-rendu de ce qu'il a observé en ce pays. Dans la visite, rapide mais soignée, qu'il a faite du Diocèse, soit dans l'intérieur, soit dans les missions du Golfe, on suivra avec intérêt l'illustre prélat, et l'on aimera à y voir les progrès de la religion dans l'Acadie et dans les autres établissements de la Province. Il dénote un homme judicieux, impartial, sans prétentions, qui a tout vu, tout examiné attentivement et qui écrit ses impressions de manière à être cru.

En parcourant ce livre, on verra donc quelle était la situation de notre colonie à cette époque (1685—1687). On y entrevoit ce qui a été fait antérieurement, comme aussi ce qui devait y être tenté pour l'amélioration du sort des colons. On y voit un tracé de la condition des diverses institutions publiques religieuses et du caractère des hommes qui, à cette époque, les dirigeaient à travers les périls du premier âge. Il est assurément regrettable qu'on ne puisse pas produire une plus grande quantité de renseignements aussi exacts, aussi précis, sur les diverses époques de l'église du Canada.

Quoiqu'il en soit, à son retour à Paris, en janvier, 1688, monsieur l'abbé de S. Valier publia le résumé de ses observations sous le titre de *Estat présent de l'Eglise de la Nouvelle-France, etc.*, à Paris, chez Robert Pepie, etc. etc., un volume, in 8vo, de 286 pages. Nous reproduisons le tout intégralement, en en conservant même religieusement l'orthographe, etc., etc.

Ce livre, tiré à un nombre d'exemplaires assez limité, se répandit rapidement dans les Provinces du Nord de la France et dans les maisons religieuses de l'Ancienne et de la Nouvelle-France, sans que le Canada en reçût plus d'une douzaine d'exemplaires qui ont péri les uns après les autres dans les incendies des divers établissements religieux de cette colonie, ou qui ont été, à l'époque de la cession du pays à la Grande Bretagne, emportés en Europe avec tant d'autres livres, documents, journaux, etc., et dont nous regrettons tous les jours l'irréparable disparition.

Pendant le séjour de M. de S. Valier en Canada, le Roi de France, Louis XIV, qui au préalable avait exigé de lui qu'il sollicitât son institution canonique du Saint-Siége, avait lui-même pressé les choses à Rome et fait négocier la conclusion de cette affaire par l'entremise du cardinal d'Estrées d'abord, puis par celle du marquis de Lavardin. Pour satisfaire à l'empressement du monarque, le Pape Innocent XI avait fait expédier ses bulles, à Rome, le 7 juillet, 1687.

Monsieur l'abbé de S. Valier, n'ayant pu déterminer Monseigneur de Laval à continuer la direction des affaires de l'Eglise du Canada sous le titre d'Evêque de Québec, et la Cour de France ne paraissant pas ami du projet de donner un coadjuteur au titulaire de Québec, puisque les ressources de ce siége n'étaient que fort précaires, avait consenti à accepter la charge épiscopale à condition que Mgr. de Laval reviendrait au Canada,—ce que la cour de France refusa d'abord pour ne pas s'obliger à une dotation plus considérable en faveur de l'Eglise de la Nouvelle-France. Heureusement ces petites difficultés furent bientôt applanies et Monseigneur de Laval ayant signé sa démission au siége de Québec, son successeur fut consacré le 25 janvier, 1688, dans l'Eglise de S. Sulpice de Paris, par Mgr. Jacq. Nic. Colbert (1) archevêque de Carthage et coadjuteur de Monseigneur l'archevêque de Rouen.

Monseigneur de S. Valier se prépara à se rendre sans délais dans cette colonie où il fut de retour le 1er août 1688, (2) Monseigneur de Laval l'y avait heureusement

---

(1) Mgr. Colbert était fils du grand Colbert, ministre d'Etat. En 1680, il avait été consacré archevêque de Carthage et nommé coadjuteur de Mgr. Francs. de Rouxel de Médavy, archevêque de Rouen, auquel il succéda en janvier, 1691.

(2) Monseigneur ne mit pied à terre que le 2 août, quoique le bâtiment qui portait Sa Grandeur fût arrivé dans la rade la veille. On lit quelque part que le prélat arriva à Québec le 30 juillet et ailleurs que ce ne fut que le 15 août qu'il prit terre ; mais ces données sont inexactes.

dévancé. A leur arrivée, les deux prélats se concertèrent pour donner une nouvelle impulsion aux institutions et aux affaires qui avaient souffert de leur absence.

Monseigneur de Laval continua à résider au Séminaire de Québec qu'il avait fondé ; et, dans sa retraite, Sa Grandeur ne s'occupa que de conseiller, de diriger le nouvel Evêque et ses subordonnés. Ses avis, dont on sentait toute l'importance, ont été fort utiles et ils ont grandement contribué à l'arrangement des affaires multipliées et compliquées dans un diocèse où tout était à créer et qui se trouvait à une distance si considérable des autres églises de la catholicité.

C'est Monseigneur de S. Valier qui a construit l'évêché de Québec, sur le terrain qu'occupent aujourd'hui les ruines du Parlement. Sa grandeur fit l'acquisition de cet emplacement, avec la maison qui s'y élevait, de François Provost, Major de la ville et du château de Québec, par contrat passé par devant maître Génaple, notaire à Québec, le 12 novembre, 1688.

On doit pareillement à l'illustre prélat la construction de l'église de la Basse-Ville. M. le marquis de Denonville, gouverneur de la Nouvelle-France, lui concéda, en 1685, l'emplacement qu'elle occupe aujourd'hui ; et, pour en hâter les travaux, l'actif prélat envoya de France quelques ouvriers, des maçons et des charpentiers entendus, qui le dévancèrent dans la colonie en 1688. Nous voyons par le passage y relatif de la lettre ci-jointe du prélat, que selon ses vues, elle devait être une succursale de la paroisse de Notre-Dame de Québec.

Une des fondations qui honorent le plus le nom de Monseigneur de S. Valier et qui perpétuera le souvenir de ce bienfaiteur de notre colonie, c'est celle de l'Hôpital-Général de Québec, comme aussi celle de la maison des Ursulines des Trois-Rivières qui, en perpétuant l'esprit qui animait le digne évêque, redisent aux générations son nom, son courage, son désintéressement et ses vertus apostoliques. Déjà, à son début dans la carrière évangélique, Mgr. de S. Valier avait doté à ses frais sa ville natale d'un hôpital considérable. *Beatus vir qui intelligit super egenum et pauperem, etc.*, Pseaume, XL.

En 1702, Monseigneur l'évêque de Québec ayant jugé à propos de repasser les mers pour se rendre à Rome, dans la vue de faire agréer au Souverain Pontife, Clément XI, alors régnant, ses œuvres, ses fondations et ses dispositions administratives, fut comblé de faveurs spirituelles de la part du père commun des fidèles, qui se montra ravi de pouvoir bénir un évêque qu'il regardait comme l'ange de l'église la plus éloignée du centre de l'unité. Il fut dans cette occasion revêtu de la dignité d'Assistant au trône pontifical. Déjà, croyons-nous, il avait été nommé Protonotaire Apostolique. Toutes ces faveurs et ces dignités, l'évêque de S. Valier ne les appréciait qu'autant qu'elles donnaient du relief à l'église du Canada.

Ayant dépêché les affaires qui l'avaient appelé à Rome, le digne évêque de Québec retourna à Paris, et, malgré les avis de la cour et les sollicitations de ses amis qui le dissuadaient de s'embarquer pour le Canada, vû qu'à cette époque les vaisseaux de la marine d'Angleterre (alors en guerre avec la France), infestaient les mers, il se décida à partir, et, après quelques jours d'une navigation heureuse, il vit qu'il n'était plus possible d'échapper au sort dont on l'avait prêvenu. Le vaisseau du Roi sur lequel il était monté, fut capturé par les Anglais, conduit à Londres, puis vendu avec toute sa cargaison ; et l'évêque de Québec fut retenu prisonnier en Angleterre pendant plusieurs années. Bien que captif, Mgr. de S. Valier écrivit, à maintes reprises, à son église affligée pour la consoler. Il bénissait le Dieu qui voulait le rendre utile à son peuple en lui donnant, en sa personne, un modèle de la manière dont on doit se conduire dans les tribulations : *In laboribus multis....* Ayant été remis à la France dans l'échange des prisonniers faits dans la guerre contre la Hollande, Monseigneur de S. Valier ne put toutefois revenir au Canada qu'en 1714, après la conclusion de la paix, en vertu du Traité d'Utrecht du 13 mars, 1713.

Monseigneur annonça peu de temps après, qu'un coadjuteur lui avait été donné dans la personne du Père Ls. Frs. Duplessis-Mornay, Breton de naissance, religieux de la maison des Capucins de Meudon. Il fut en effet consacré sous le titre d'évêque d'Euménie, en Phrygie, et de coadjuteur de Québec ; mais il ne vint jamais en Canada, quoiqu'il ait survécu plus de douze ans à Monseigneur de S. Valier.

Monseigneur de Québec, à son arrivée dans la ville épiscopale, exprima sa détermination à se retirer à l'Hôpital-Général, dans les modestes appartements qu'il s'y était réservés lorsqu'il en avait reconstruit la façade et fait la distribution intérieure. Sa Grandeur était portée à en agir ainsi pour ne pas déloger l'Intendant Bégon, dont le palais avait été incendié dans la nuit du 5 janvier, 1705, et qui s'était refugié à l'évêché. Une autre considération qui agissait puissamment sur la volonté du prélat, c'est que le revenu annuel que lui fesait cet arrangement, lui donnait moyen de soutenir la maison de charité qu'il avait fondée et qui avait été, presque dès sa fondation, privée de son principal, nous devons dire, de son unique appui. Dans cette solitude, si conforme à son humilité, le digne évêque s'appliqua sans relâche ni merci à réparer tout ce qui avait pu souffrir de sa longue absence.

Tout adonné aux fonctions de sa charge, Monseigneur ne repassa pas les mers. Toujours occupé du soin de son troupeau, il s'évertua à lui être utile en toutes manières. Enfin nul n'a plus fait pour le développement des œuvres de la charité et de la piété chrétienne.

Après avoir consacré sa laborieuse carrière aux soins des enfants de la colonie, ce prélat mourut, plein de jours et de mérites, à l'Hôpital-Général de cette ville, le 26 Décembre 1727, et fut inhumé, sur sa demande exprimée dans son testament, en une fosse qu'il avait fait creuser quelques années avant sa mort dans une chapelle latérale attenant à la modeste église de l'Hôpital-Général.

C'est là que repose un homme qui s'est toujours occupé de faire le bien-être de ses concitoyens. Ce ne fut point à sa noblesse, à sa fortune ni à sa dignité, mais uniquement à ses vertus qu'il dut l'estime et la vénération publiques. Il fut encore plus distingué par la noblesse de ses sentiments que par celle de sa naissance. Les qualités du cœur égalèrent en lui celles de l'esprit. La bonté, la candeur formaient son caractère, ce qui néanmoins ne diminuait rien de sa grandeur d'âme ni de sa fermeté quand il s'agissait du maintien de l'ordre et de la discipline. Son désintéressement ne connut jamais de bornes.......

Sa mémoire est toujours chère aux enfants de l'église du Canada, qui conservent comme précieux tout ce qui concerne ce grand homme, l'un des plus constants bienfaiteurs de cette colonie, dont les actes attestent une profonde sagesse autant qu'une charité sans égale.......

X***

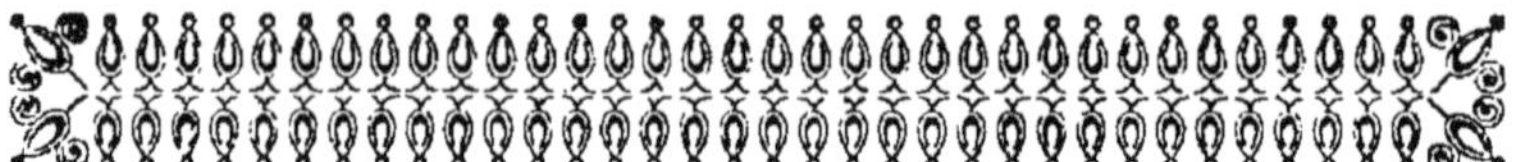

LETTRE

DE

M. L'EVÊQUE

DE

QUEBEC,

Où il rend compte à un de ses amis de son premier voyage de Canada, et de l'Etat où il a laissé l'Eglise et la Colonie.

MONSIEUR,

Vous avez souhaité de moy que je vous rendisse compte de mon voyage de Canada, et de l'état où j'y ay laissé l'Eglise et la Colonie ; je vous l'ay promis, et je satisfais d'autant plus volontiers à vôtre desir et à ma parole, que connoissant depuis long-temps vôtre pieté, je me flate que vous serez édifié de ce que j'ay à vous dire : mais je vous prie de vous souvenir que comme je fais une Lettre, et non pas un livre, je dois pour éviter la longueur toucher plutôt les faits que les étendre.

Vous n'avez peut-être pas oublié que je partis de Paris au mois de May de l'année 1685. Je m'embarquay à la Rochelle le mois suivant dans le même vaisseau que montoit M[r] le Marquis de Dénonville, qui avoit esté nommé par le Roy Gouverneur de la Nouvelle France, et qui menoit avec luy Madame sa femme et une partie de sa famille.

De neuf Ecclesiastiques qui avoient bien voulu me suivre, et qui avoient tous passé par le Seminaire des Missions étrangeres de Paris, où j'avois fait ma demeure depuis ma nomination à l'Episcopat, il n'y en eut que deux qui demeurerent auprés de moy durant la navigation; les autres furent partagez sur deux vaisseaux, cinq sur l'un et deux sur l'autre : les cinq avoient pour chef M. l'Abbé d'Urfé, cy-devant Doyen de la Cathedrale du Puy, dont on connoît assez le nom et la vertu, sans qu'il soit necessaire que je fasse connoître ici sa personne et son merite ; il suffit de dire qu'il a esté pendant plusieurs années un exemple de zele et d'humilité dans le Seminaire de S. Sulpice de Paris, et qu'il avoit déja demeuré dix ans en Canada, où il avoit donné beaucoup d'édification dans le Seminaire de Montréal, qui (comme l'on sçait) est dépendant de celuy de S. Sulpice, et dont j'auray occasion de parler dans la suite de cette Lettre.

Deux des Prêtres qu'on avoit embarquez avec cinq cens soldats qui passoient avec nous, furent les plus heureux de tous ; car outre les exercices de pieté qu'ils firent faire à l'équipage et aux passagers, comme on le faisoit dans les autres navires où nous étions, il plut à Dieu de leur fournir une nouvelle matiere de zele, par la maladie qui se mit dans les troupes, et qui enleva cent cinquante hommes ; ils s'appliquerent si fortement jour et nuit à secourir ces pauvres malades, qu'à force d'être auprés d'eux pour leur donner les soulagemens du corps, et pour leur administrer les Sacremens, la longue fatigue jointe au mauvais air les reduisit enfin au nombre de ceux qui avoient besoin de secours : quelque soin qu'on prît de les assister, il fut impossible de vaincre la malignité du mal ; et ils eurent autant de joye de perdre la vie en cette occasion, qu'ils causerent de douleur à tout le monde par leur perte ; l'un mourut dans le vaisseau peu de temps avant qu'il touchât au port, et l'autre languit encore quelques jours aprés être arrivé à Quebec.

J'avoüe que je fus sensiblement touché de la mort de ces deux ouvriers évangeliques, sur lesquels j'avois beaucoup compté pour le bien de la Colonie, parce que je connoissois leur vertu et leur grace : mais aprés tout je leur portay plus d'envie que de compassion, et benissant mille fois Dieu de l'honneur qu'il leur avoit fait de les appeller à luy par une espece de martyre de charité, j'entray autant que je le pûs en esprit dans leurs saintes dispositions, pour avoir quelque part au merite de leur sacrifice, puis que je n'avois pas esté jugé digne de participer à leurs souffrances et à leur sort. Quel bonheur pour moy, si j'avois suivi mon premier instint qui me portoit à la Rochelle à m'embarquer avec eux, et si ayant couru les mêmes risques sur la mer j'avois eu la même fortune ! Mais il fallut qu'on m'en empêchât, sous prétexte de prudence, en s'opposant à mon desir, et je ne meritois pas de terminer si tôt mes jours par une fin si glorieuse.

Si j'ay esté privé de cette grace avec justice, Dieu m'en a ménagé une autre dont je fais beaucoup de cas ; il a voulu que j'eusse durant tout le voyage la compagnie de Monsieur le Marquis de Dénonville, dont j'ay eu le loisir de connoître plus à fond la pieté et la sagesse. Il a autorisé non seulement par ses avis, mais encore par ses exemples, tout le bien qui se pouvoit faire dans le vaisseau pour l'équipage ; il étoit toûjours le premier à tous les exercices de religion, il assistoit les Dimanches et les Fêtes aux Predications, et il ne dédaignoit pas de se trouver souvent aux instructions familieres que je faisois moymême tous les jours en forme de Catechisme ; il passoit presque tout son temps en prieres ou en lecture de bons livres ; il avoit sans cesse entre les mains les Pseaumes de David ; il étoit aisé de voir dans sa conversation qu'il les entendoit bien, et qu'il les goûtoit extrêmement : tant que je fus avec luy sur mer, je ne luy vis pas faire une faute, et rien ne luy a échapé, ni dans ses paroles, ni dans ses manieres qui ne marquât une vertu bien établie, et une prudence consommée, tant pour les choses qui regardent la vie Chrêtienne, que pour celles qui sont de sa profession et de la science du monde : de sorte qu'il n'y a pas lieu de s'étonner que Dieu verse à present en Canada tant de benedictions sur son Gouvernement par rapport à la Colonie Françoise, et sur ses entreprises contre les Sauvages, et je ne suis nullement surpris que le Roy depuis mon retour, m'ait fait l'honneur de me dire plusieurs fois du bien de luy, et qu'il ait témoigné depuis peu à toute la Cour, que les services et la conduite de ce Marquis luy sont agreables.

En arrivant à Quebec, je fus descendre au Seminaire des Missions étrangeres qui est dépendant de celuy de Paris, et qui a esté jusqu'à present le Seminaire Episcopal de Canada : Messieurs les Directeurs de cette Maison vinrent au devant de moy avec tout le respect et toute la cordialité que je pouvois attendre d'eux ; et comme ce sont eux qui remplissent toutes les places de la Cathedrale, ils me receurent en Chapitre dans les formes en qualité de Grand Vicaire de Monseigneur de Quebec, qui m'avoit donné cette qualité par des lettres authentiques avant mon départ de France.

Ce Chapitre a esté érigé, comme on vous l'a peut-être déja dit, par nôtre saint Pere le Pape Clement X. il est composé de douze Chanoines, d'un Doyen, d'un grand Chantre, d'un Archidiacre, d'un Theologal, et d'un grand Penitencier.

La même Eglise sert de Cathedrale et de Paroisse; le bâtiment n'en est pas encore achevé, et le Roy donne chaque année une gratification, pour consommer peu à peu l'ouvrage qu'on a commencé : on y fait l'Office avec une gravité et une pompe proportionnée à la solemnité des jours; et comme le Clergé n'est pas fort nombreux, on éleve dans la Clericature, selon l'esprit du saint Concile de Trente, plusieurs enfans du païs, qui étans formez au chant et aux ceremonies, suppléent parfaitement bien en ce qui regarde les ministeres inferieurs au défaut des Prêtres, en attendant qu'on en augmente le nombre.

Ces jeunes Clercs originaires du païs, sont élevez sous la conduite de Mrs du Seminaire qui en prennent grand soin, on les choisit autant qu'on peut d'un beau naturel, d'un esprit raisonnable, et d'une disposition de cœur et de corps à faire croire qu'ils ont quelque vocation à l'état Ecclesiastique : à mesure qu'on découvre qu'ils n'y sont pas appellez on les renvoye; ils font leurs études au College des RR. PP. Jesuites, qui s'appliquent à les instruire avec une bonté particuliere, et qui leur enseignent les lettres humaines, et les autres sciences, où ils n'ont pas moins d'aptitude et de facilité que les jeunes gens les mieux conditionnez de nôtre France : cette étude ne les empêche pas d'apprendre en particulier quelque mêtier qui leur sert de divertissement dans la maison. Comme on leur distribuë les arts selon leur inclination naturelle, on les voit réüssir chacun dans le leur : ils font avec adresse cent petites choses, non seulement pour l'utilité du domestique, mais aussi pour l'ornement des Autels qu'ils parent eux-mêmes avec beaucoup de genie et de propreté : ils sont sur tout si modestes à l'Eglise, et ils se tiennent d'un air si devot durant la celebration de l'Office divin et des saints Mysteres, qu'ils inspirent de la devotion au peuple.

On a déja tiré de leur nombre quelques bons sujets qu'on a promeus au Sacerdoce, et qui pourront avec le temps servir tres-utilement cette Eglise dans les plus importans ministeres. Il en passa un en France il y a trois ans, qui ayant demeuré au Seminaire des Missions étrangeres de Paris, et s'y étant fait aimer et estimer par ses bonnes qualitez, y mourut l'année derniere en prédestiné, et fut fort regrette de toute la Maison. La perte d'un seul Prêtre est considerable dans un temps où l'on n'a pas encore assez d'ouvriers évangeliques, tant pour établir de nouvelles Missions parmi les Sauvages, que pour desservir les Cures dans les habitations Françoises, et pour remplir tous les devoirs de la Cathedrale et de la Paroisse de Quebec.

Il est vrai qu'il y a dans la Ville une Maison de Jesuites qui est d'un fort grand secours, et qu'il y a aussi un Convent de Recollets, qui n'en étant pas fort éloigné, ne rend pas peu de service aux habitans : mais quelque utilité qu'on tire des uns et des autres, il demeure toûjours beaucoup de bien à faire qui se feroit assurément si le Clergé seculier étoit aussi nombreux qu'il le devroit être.

La maison des Jesuites est bien bâtie, leur Eglise est belle, leurs classes ne sont pas aussi fortes en écoliers qu'elles le seront un jour ; mais leurs Regens sont gens choisis, pleins de capacité et de zele, qui remplissent leurs devoirs par esprit de grace, et qui par la fidelité qu'ils apportent à cet employ passager, tâchent de se rendre dignes d'être appliquez à quelque Mission de Sauvages, dont ils apprennent la langue selon la destination que leur Superieur fait de leur personne. Ce Superieur est à present le Pere d'Ablon, homme d'un merite et d'une experience consommée, avec qui j'ay eu beaucoup de liaison pendant mon sejour en Canada ; plus on le voit, plus on l'estime : et dans le compte qu'il a bien voulu me rendre des qualitez et des travaux de tous les Religieux qui luy sont soûmis, soit dans le College, soit dans les Missions, j'ay connu qu'ils sont tous des Saints qui ne respirent que Dieu seul, et qui ne s'épargnent en rien pour convertir les infidelles, et pour sanctifier les Chrêtiens. Il faut avoüer que parmi ces Peres de la Nouvelle France, il y a un certain air de sainteté si sensible et si éclatant, que je ne sçay s'il peut y avoir quelque chose de plus en aucun autre endroit du monde, où la Compagnie de Jesus soit établie. J'ay parlé à ceux qui sont à Quebec, et j'ay receu des lettres de ceux qui sont en Mission, tous m'ont paru d'une vertu et d'une soûmission, dont je suis encore plus édifié, que je ne suis satisfait de leurs talens, et je ne puis sans injustice supprimer le témoignage que je rends ici en leur faveur.

Le Convent des Recollets s'appelle Nôtre-Dame des Anges ; le lieu est agreable, c'est la promenade de la Ville la plus belle, et on y va souvent par devotion en pelerinage. Il y a douze ou quinze Religieux de bonne volonté, toûjours prêts à aller par tout où il plaît à l'Evêque de les envoyer. J'ay sujet de me loüer d'eux dans les emplois que je leur ay commis. Il y a lieu d'esperer que comme on leur envoyera toûjours de France des sujets bien conditionnez, et des Gardiens aussi prudens et moderez, que l'est celuy qui est à present à leur tête, nous vivrons bien ensemble.

Il y a à Quebec deux Communautez de Religieuses, érigées par Lettres Patentes, les Ursulines et les Hospitalieres ; les unes et les autres travaillent chacune selon l'esprit de leur vocation, avec grande fidelité aux emplois de leur Institut.

Les Ursulines passerent de l'ancienne France dans la Nouvelle, il y a environ quarante-cinq ans avec Madame de la Pelleterie leur Fondatrice, dont on connoît la vertu, et qui aussi bien que deux des Religieuses qu'elle avoit menées avec elle, est morte en odeur de sainteté. Elles porterent d'abord quelque chose, les charitez qu'on leur envoya depuis, et le ménage avec lequel elles ont toûjours usé de leur bien, les avoit mises en état de se bâtir à grands frais un Monastere, où sans blesser la simplicité Religieuse, on avoit ménagé toutes les commoditez du Cloître autant qu'on le pouvoit dans un païs qui est encore peu habité : il a plû à Nôtre Seigneur de les visiter par un incendie qui a réduit en cendres en moins de deux heures l'ouvrage et l'effort de plusieurs années. Cet accident arriva le 20. jour d'Octobre 1686, sans qu'on en sçache bien la cause.

Lors qu'elles entendoient la Messe, on vint brusquement les avertir que toute leur Maison étoit en feu; il étoit si furieux et si ardent qu'aucun remede humain ne put empêcher un incendie general, il n'épargna rien, il consuma tout, provisions, meubles, bâtimens, excepté un petit corps de logis, leur Eglise même n'en fut pas exempte, et à peine M. l'Abbé d'Urfé qui étoit pour lors à l'Autel eut-il le loisir d'achever la Messe et de prendre le S. Sacrement, pour le porter tristement dans l'Eglise des Jesuites. Je les fis conduire aussi tôt aprés chez les Religieuses Hospitalieres, qui les receurent avec toute la douceur et la joye que la compassion et l'hospitalité pouvoit inspirer à des filles aussi charitables qu'elles le sont, elles les conduisirent d'abord en ceremonie et en silence, les larmes aux yeux, dans leur Chapelle devant le S. Sacrement, où toutes étant prosternées ensemble, celles qui venoient d'être reduites à une extrême indigence, s'abandonnerent avec courage à la volonté de Dieu, et le remercierent tendrement de les avoir mises en état de goûter réellement les fruits de la sainte pauvreté, et de luy offrir leur misere en esprit d'hommage à sa justice et à son amour : de sorte que le lendemain jour de leur Mere Sainte Ursule, ayant jugé à propos d'aller me consoler avec elles par un discours paternel ; je trouvay que bien loin d'avoir besoin de consolation, elles étoient capables de donner une joye sensible à tous ceux qui comme moy furent témoins de leur resignation et de leur confiance. Ce qui les affligea le plus, c'est qu'elles se virent obligées à renvoyer leurs pauvres petites filles sauvages, qu'elles ne pouvoient plus loger ; car il ne leur restoit plus qu'une petite maison de trente pieds de long sur vingt de large ; c'est là qu'elles sont enfin retournées, bien resoluës d'y souffrir toutes sortes d'incommoditez, jusqu'à ce qu'il plaise à Dieu leur envoyer de France quelque secours extraordinaire, et bien reconnoissantes des services qu'elles ont receu durant cinq ou six semaines des Religieuses Hospitalieres.

Celles-cy sont sorties de la Maison de Dieppe, elles gouvernerent leur Hôpital avec une grande application, et quoy qu'elles ayent peu de revenu, elles ont un si grand cœur, que sans craindre de s'endetter, elles reçoivent tous les malades qui se presentent, dont la multitude les ruineroit, si le Roy ne leur donnoit de quoy soûtenir des dépenses qui sont au dessus de leurs forces.

Dans la visite que j'ay faite à Quebec, j'ay commencé par le Seminaire, je déclaray d'abord que mon dessein étant de m'instruire et de m'informer de l'état de l'Eglise, plutôt que de faire aucun changement, je ne changerois rien dans les choses tant soit peu de consequence, et que je m'estimerois heureux si je pouvois soûtenir le bien que M. de Quebec avoit établi avec tant de benediction et tant de peine pendant prés de trente années.

La noble Maison de la Val dont il est sorti, le droit d'aînesse de sa famille auquel il a renoncé en entrant dans l'état Ecclesiastique, la vie exemplaire qu'il a mené en France avant qu'on pensât à l'élever à l'Episcopat, le zele et l'application avec laquelle il a gouverné si long-temps l'Eglise de Canada, soit en qualité de Vicaire Apostolique, Evêque de Petrée, soit en qualité de premier Evêque de Quebec, dont le titre a été érigé à Rome en l'année 1674, à l'instance de Louïs le Grand, qui a doté l'Evêché ; la constance et la fermeté qu'il a euë à surmonter tous les obstacles qui se sont opposez en diverses occasions et en differentes manieres à la droiture de ses intentions et au bien de son cher troupeau : les soins qu'il a pris de la Colonie des François, et de la Conversion des Sauvages ; les navigations qu'il a entreprises plusieurs fois pour les interêts des uns et des autres ; le zele qui le pressa de repasser en France il y a trois ans, pour venir se chercher un successeur ; son desinteressement et l'humilité qu'il a fait paroître en offrant et en donnant de si bon cœur sa démission pure et simple ; enfin toutes les grandes vertus que je luy vois pratiquer chaque jour dans le Seminaire où je demeure avec luy, meriteroient bien en cet endroit de solides loüanges, mais sa modestie m'impose silence, et la veneration qu'on a pour luy par tout où il est connu, est un éloge moins suspect que celuy que j'en pourrois faire : l'honneur qu'il m'a fait de jetter les yeux sur moy pour remplir sa place, m'a mis sur les épaules un fardeau si fort au dessus de mes forces, qu'il me semble que sans être ingrat, il me seroit permis de n'en être pas tout-à-fait reconnoissant ; il luy était aisé de mieux choisir, et je sens bien qu'il me sera difficile de soûtenir l'idée qu'il a euë de ma personne, quand il m'a proposé au Roy, tout indigne que je suis, pour un si redoutable Ministere.

Tant qu'il a été en Canada il a étendu sa vigilance sur toutes les parties de son Diocese, mais il s'est appliqué sur tout à établir et à regler le Seminaire de Quebec; les Directeurs qui le gouvernent sont en petit nombre, et s'ils avoient moins de grace et d'activité qu'ils n'en ont, il leur seroit impossible de faire tout ce qu'ils font au dedans et au dehors de leur Maison : le détachement dont ils font profession, la charité qui les unit, l'assiduité qu'ils ont au travail, et la régularité qu'ils s'efforcent d'inspirer à tous ceux qui sont sous leur conduite, m'ont donné une tres-sensible consolation : quelque ferveur que j'aye trouvé parmi eux, j'ay eu le plaisir de la voir redoubler dans leur Maison. Nous jugeâmes qu'il étoit bon d'augmenter le nombre des enfans du petit Seminaire, et d'en tirer les sujets les plus formez pour les faire passer dans le grand : tout le monde y fit les exercices de la retraite spirituelle avec tant de benediction, que depuis les plus jeunes Clercs jusqu'aux Ecclesiastiques les plus avancez dans les saints Ordres, chacun apporta de son propre mouvement tout ce qu'il avoit en particulier pour être mis en commun : il me sembla pour lors voir revivre dans l'Eglise de Canada quelque chose de cet esprit de détachement qui faisoit une des principales beautez de l'Eglise naissante de Jerusalem du temps des Apôtres ; et pour entretenir dans la jeunesse cette disposition de grace et de ferveur, on resolut de faire par semaine plusieurs Conferences spirituelles, sur tout par rapport à l'Oraison et à l'exactitude qu'on devoit avoir à suivre les regles de la Maison.

Il y avoit long-temps que Mrs les Directeurs souhaitoient avec ardeur d'envoyer quelqu'un de leurs Ecclesiastiques à quelque Mission de Sauvages ; M. de Quebec mon Predecesseur, qui avoit trouvé Mr Thury fort disposé à commencer cette entreprise, l'avoit fait partir dés l'année 1684. pour en aller jetter les fondemens dans l'Acadie, où l'on étoit persuadé qu'il y avoit des grands biens à faire pour la conversion de plusieurs infidelles : ce Prêtre dans le peu de séjour qu'il y avoit fait, avoit pris de si bonnes mesures, qu'étant de retour à Quebec dans le temps que j'y arrivay de France, on conclut qu'il falloit le renvoyer sur ses pas, et luy abandonner la conduite de ce grand dessein.

Mais pour en mieux faire entendre l'importance, il faut sçavoir que le païs de l'Acadie, en y comprenant la grande Baye du fleuve Saint Laurent, est une étenduë de terre d'environ cent lieuës en droite ligne, depuis le Cap de Rosiers jusqu'au Fort de Pentagoüet ; et par mer en faisant le tour de cet espace, on compte trois cens lieuës de circuit, dont six vingts qui sont entre le Cap de Rosiers et Canseaux, avoient esté concedées autrefois à M. Denis, et c'est ce qu'on appelle la grande Baye de Saint Laurent, et le reste depuis Canseaux jusqu'à Pentagoüet est proprement le païs particulier de l'Acadie, dont le Port Royal étant la place principale en est aussi comme le centre.

On avoit eu d'abord la pensée qu'on pourroit établir dans la Baye de Saint Laurent trois Missions sedentaires : l'une à Ristigouche, l'autre au Cap Breton et la troisiéme à la riviere de la Croix ; parce que ces trois lieux sont assez abondans en tout ce qui est necessaire aux habitations et à la subsistence des Sauvages ; mais aprés y avoir bien pensé, on a cru qu'il falloit se reduire à un seul établissement.

Cependant il est bon de marquer ici la situation et les avantages de ces trois endroits, avant que de dire auquel des trois on s'est fixé.

Ristigouche est à peu prés à quarante-cinq lieuës de l'Isle Persée, dans le fonds de la Baye des Chaleurs, vis-à-vis le Banc des Orphelins, sur une riviere fort poissonneuse et assez profonde pour pouvoir porter des vaisseaux jusqu'à trois lieuës au dessus de son embouchure ; les terres y sont propres à faire des bleds d'Inde et de France : les Sauvages des environs qui sont dispersez pour la pluspart dans les bois, et qu'on nomme Gaspesiens, se réünissent de temps en temps en cet endroit, où ils ont un Capitaine.

La riviere de la Croix est à plus de quarante lieuës de Ristigouche, et à trente-six de l'Isle Persée, elle est large d'un quart de lieuë, elle a ordinairement quatre ou cinq brasses de profondeur jusqu'à huit lieuës dans les terres, pour y porter commodément des navires, et comme le flux et reflux monte encore deux ou trois lieuës plus haut deux fois le jour ; l'eau y est aussi toûjours salée ; la pêche de saulmon, de bar, d'esturgeon, de truitte, d'aloze, d'anguille, de carpe, etc. y est abondante ; la chasse ne l'est pas moins ; on prend sur tout vers le haut dans l'enfoncement des forests beaucoup d'orignaux, de castors, d'ours, de loutres, etc. et vers le bas quantité d'outardes, de canards, de cercelles, et autre gibier, sans parler des huîtres, hommards et autres coquillages, et même des loups marins dans la saison ; de sorte que rien n'y manqueroit pour la commodité de la vie, si les terres voisines étoient fertiles, mais elles ne sont bonnes que sur le rivage, encore ne le sont-elles que par cantons.

On auroit peine à croire que cette riviere qu'on appelle de la Croix n'ait pas esté ainsi nommée par des Chrêtiens ; il est pourtant vray que ce n'est pas eux qui luy ont donné ce nom ; elle le tire de certains Sauvages, qui de temps immemorial s'appellent Cruciantaux, parce qu'ils conservent entr'eux un respect particulier pour la Croix, sans qu'il paroisse aucun vestige d'où l'on puisse conjecturer qu'ils en ayent jamais connu le mystere ; il seroit fort curieux de pouvoir remonter jusqu'à la premiere origine de ce culte qu'ils rendent sans y penser au signe salutaire de la Redemption des hommes: mais comme l'excés de la boisson d'eau de vie, dont ils sont aussi passionnez que tous les autres Sauvages, a fait mourir depuis quelque temps presque tous les vieillards et grand nombre de jeunes gens, il est bien difficile de trouver parmi eux des personnes capables de nous instruire de la verité avec quelque sorte de certitude.

Si l'on s'en rapporte à un des plus anciens qui vivoit encore il y a peu d'années, on trouvera sans doute quelque chose de bien extraordinaire dans ce qu'on a pu apprendre de luy. Cet homme âgé de cent ou six vingts années, interrogé un jour par Mr de Fronsac, fils de Mr Denis, dît qu'il avoit vû le premier navire d'Europe qui avoit abordé dans leur païs ; qu'avant son arrivée ils avoient déja parmi eux l'usage de la Croix ; que cet usage ne leur avoit point esté apporté par des étrangers, et que ce qu'il en sçavoit, il l'avoit appris par la tradition de ses peres. Voici donc à peu prés comme il s'expliqua.

Il y a long temps, dit-il, que nos Peres étant affligez d'une cruelle famine qui dépeuploit la Nation, aprés avoir invoqué inutilement le Démon par leurs Jongleries, c'est à dire par leurs ceremonies superstitieuses, un des plus vieux vit en songe un jeune homme, qui en l'assurant de leur délivrance prochaine par la vertu de la Croix, luy en montra trois, dont il luy déclara que l'une leur serviroit dans les calamitez publiques, l'autre dans les déliberations et les conseils, et la troisiéme dans les voyages et les périls.

A son réveil il ne trouva plus rien entre ses mains ; mais l'image de ces Croix luy demeura si vivement imprimée dans l'imagination, qu'il en fit sur le champ de semblables à celles qu'il croyoit avoir vûës, et racontant à ses enfans ce qui s'étoit passé dans son sommeil, sa famille commença dés lors à mettre dans la Croix cette confiance qui se communiqua ensuite à toute la Nation.

Tous en mettoient une de bois à l'un des bouts de leurs canots, et en portoient sur eux une autre de porcelaine qui flotoit agreablement sur leur estomac ; plusieurs en pendoient une à leur col, et les femmes enceintes en cousoient une d'étoffe rouge et bleuë à cet endroit de leur couverture qui cache leur sein, comme pour mettre leur fruit sous la protection de la Croix. Enfin ces pauvres gens, aprés avoir porté la Croix sur leur corps durant leur vie, la faisoient enterrer avec eux aprés leur mort, ou arborer sur leur tombeau. Le Capitaine se distinguoit du commun, en ce qu'il en avoit une particuliere sur les épaules jointe à celle de l'estomac, et l'une et l'autre avoit une bordure de poil de porc-épic, teinte en rouge du plus vif couleur de feu ; outre cela les trois Croix de bois de deux pieds et demy de haut, dont il appliquoit l'une au devant de son canot pour les voyages, et dont il plantoit les deux autres au milieu de sa cabane, et à la porte contre les périls et pour les conseils, avoient chacune pour marque de distinction, trois croisillons qui étoient un monument toûjours subsistant de la vision des trois Croix.

Aprés cette digression qu'on a jugée necessaire, et qui apparemment ne sera pas desagreable : il faut dire un mot du Cap Breton.

Cette Isle est au Sud de la riviere de la Croix, dont elle est éloignée de soixante lieuës ; elle touche presque à la terre ferme vis-à-vis un lieu qu'on nomme Petit-Passage : on dit qu'elle a bien cent lieuës de tour, mais elle est si entrecoupée de lacs, qu'elle est moitié eau et moitié terre : le sol y est bon en plusieurs cantons ; la chasse et la pêche bonne par tout, et il y auroit encore à présent un grand nombre de Sauvages, si l'eau de vie n'avoit point fait parmi eux autant de meurtres que chez les Cruciantaux : mais il y a lieu d'esperer, que s'ils embrassent un jour le Christianisme, comme la pluspart le promettent, la passion qu'ils ont pour cette boisson s'amortira, et qu'ils pourront les uns et les autres se repeupler avec le temps, et devenir aussi nombreux et aussi florissans que jamais.

Aprés avoir comparé ensemble l'Isle du Cap Breton de la riviere de la Croix et de Ristigouche, on a jugé que la riviere de la Croix étoit le poste le plus avantageux pour une Mission sedentaire ; peut-être que tous les peuples des deux autres endroits pourront venir de temps en temps en ce lieu-là pour y commencer leur instruction : on pourroit aisément les instruire ensemble, parce que tous, excepté les Abnakis ou Kanibas parlent la même langue, et ils ont des qualitez merveilleuses pour le Christianisme.

Ils sont d'un naturel doux et docile ; ils exercent volontiers l'hospitalité, ils vivent entre eux en grande union, ils aiment leurs enfans autant que toute autre Nation du monde ; les femmes sont aussi laborieuses que les hommes ; on ne les voit jamais inutiles : l'impureté est en abomination parmi eux ; la continence y est en veneration ; il est rare qu'un homme ait deux femmes, il se rendroit méprisable par cette conduite, et on diroit de luy qu'il vit en bête et non pas en homme : quoy que les personnes mariées y soient tres-fécondes, elles vivent d'une maniere si réglée avec leur mary, que sans péril d'incontinence de part et d'autre, elles n'ont communément des enfans que de deux ans en deux ans ; les garçons sont retenus et reservez avec les filles au delà de ce qu'on peut croire : il y a des endroits où ils ont des cabanes separées, et ils ne se visitent jamais les uns les autres ; que s'ils se rencontrent au dehors, on ne leur voit prendre aucune liberté ensemble ; et il est inoüi qu'il se soit passé entre eux le moindre désordre. Que ne doit-on pas attendre de telles gens, quand la grace de l'Evangile venant à fortifier de si belles inclinations, on les verra s'élever à cette haute perfection dont on a le plaisir de les voir capables.

Mais pour parler des Cruciantaux en particulier, l'amour et la veneration qu'ils ont pour la Croix, n'ont pas peu servi à faire conclure l'établissement qu'on a fait à la riviere de la Croix : c'est-là que les Directeurs du Seminaire de Quebec ont pris possession de trois lieuës de terrain, que M Denis leur a données pour y établir des Missionaires de leur Corps ; et c'est auprés des Cruciantaux que Mr Thury a déja commencé de travailler dans le peu de temps qu'il a déja esté avec eux : il en a écrit des choses tres-édifiantes ; il se louë sur tout des bonnes dispositions de deux Capitaines, avec lesquels il a traité de la conversion de tous les autres, et il fait un fort grand cas de la modestie des jeunes gens, de leur penchant à exercer la charité, et de leur devotion dans la priere, quand il les assemble.

J'ay veu, dit-il, durant un mois ou six semaines que j'ay passé dans la cabane d'un Capitaine, où il y avoit bien des freres et des sœurs, des cousins et des cousines, une sagesse qui feroit confusion à nos Chrêtiens de France ; on n'y disoit pas une seule parole trop enjoüée, on n'y faisoit pas la moindre action un peu trop libre ; et un jeune François s'étant échappé un jour devant eux à dire quelque chose contre l'honnesteté, tous ceux qui l'entendirent en conceurent de l'indignation ; et quand ils virent que sur le rapport qu'ils m'en faisoient, je corrigeois fortement ce petit libertin, ils ne se contenoient quasi pas de joie.

Ils sont nez, poursuit-il, aussi officieux que chastes ; j'en ay fait l'experience dans ma propre personne, j'étois allé à la maison de Mr de Tronsac par dessus les glaces, pour visiter deux malades, à mon retour ayant trouvé mon chemin impraticable à cause du dégel qui étoit survenu, il me fallut prendre un grand circuit qui ne me permit pas d'arriver avant la nuit prés de la cabane où je retournois ; et comme il falloit traverser la riviere, et que je n'avois ni canot ni moyen de nager dans l'obscurité qu'il faisoit, je m'avisay d'appeller du lieu où j'étois ; on reconnut ma voix dans la cabane : deux enfans du Capitaine sans se mettre en peine du danger, passerent à moy sur les glaces, et aprés avoir sondé l'eau coulante qui étoit entre nous, un d'eux se jetta à nage pour me soûtenir pendant que je me glisserois sur un petit arbre que nous avions couché de travers, dont un bout portoit à terre et l'autre sur la glace, où dés que j'eus mis le pied, luy et son frere me prirent sous les aisselles, et me porterent plutôt qu'ils ne me conduisirent à l'autre bord chez eux, avec une charité et une allegresse que je ne puis exprimer. Ces deux jeunes gens ont une ardeur incroyable pour la priere : car outre qu'ils assistoient tres-devotement à celle qu'on recitoit et qu'on chantoit en commun le soir aprés le repas, et le matin durant la Messe que je disois tous les jours dans un enfoncement de la cabane qui ne servoit qu'à ce saint usage, ils venoient souvent avec leurs cousins se mettre à genoux auprés de moy aprés que tout étoit fini, pour me demander la grace que je les fisse prier encore en particulier, et que je leur expliquasse le Catechisme. Leurs sœurs et leurs cousines alloient aussi dans le même dessein s'agenoüiller aux pieds d'une fille nommée Therese, que j'avois fait passer là de l'Isle Persée, pour y faire auprés des personnes de son sexe, ce que je faisois pour les hommes, et qui s'en acquitoit avec la benediction proportionnée à la solidité de la vertu que j'avois reconnüe en elle : elle étoit charmée de la devotion et de la simplicité de ces jeunes filles, et je ne l'estois pas moins de celles de leurs cousins et de leurs freres.

Je remarquois presque la même disposition dans les personnes les plus avancées en âge, lors qu'allant de cabane en cabane visiter les brebis qui étoient de mon troupeau, pour avoir occasion d'y en joindre de nouvelles ; je trouvois des vieillards qui prenoient plaisir à me questionner, et à me répondre comme des enfans sur la doctrine Chrêtienne : il y en avoit qui m'accompagnoient de leur cabane jusqu'à la prochaine, pour se faire instruire en chemin, quoi qu'il y eût quelquefois assez loin de l'une à l'autre ; et aprés que je leur avois enseigné ce qu'ils desiroient apprendre, ils s'en retournoient contens.

Jusques ici ce sont à peu prés les paroles de ce Missionaire, dont la petite relation contient tant d'autres faits si consolans, que si je ne craignois point d'être trop long, je serois ravi de les mettre tous dans cette Lettre. J'avoüe qu'en les lisant mon cœur s'enflâma, et je conceus dés lors le dessein d'entreprendre le voyage d'Acadie, pour aller voir de mes yeux les agreables commencemens de cette Mission sedentaire, mais il falut en suspendre l'execution, pour continuer mes visites dans la Colonie Françoise.

J'allay durant l'hyver au Cap Tourmente, à la côte de Beaupré, et à l'Isle d'Orleans, qu'on appelle aujourd'hui la Comté de Saint Laurent, appartenant à Mr Berthelot, Secretaire des Commandemens de Madame la Dauphine, si connu dans le Canada, par son zele pour la décoration des Eglises, et par l'établissement des petites écoles pour les enfans. Je vis tous les habitans qui se trouverent sur ma route, les invitant à se rendre chacun dans leurs Paroisses à mesure que j'y ferois ma visite ; ils s'y rendirent pour la pluspart, et j'eus la consolation d'en voir plusieurs assister à nos prieres et exhortations, et s'approcher des Sacremens, pour gagner les indulgences que je leur portois.

Mon principal soin dans le Cap Tourmente, fut d'examiner l'un aprés l'autre trente-un enfans que deux Ecclesiastiques du Seminaire de Quebec y élevoient, et dont il y en avoit dix neuf qu'on appliquoit à l'étude, et le reste à des mêtiers : l'éloignement où ils étoient de leurs parens et de toute compagnie dangereuse à leur âge, ne contribuoit pas peu à les conserver dans l'innocence : et si on avoit des fonds pour soûtenir ce petit Seminaire ; on en tireroit avec le temps un bon nombre de saints Prêtres et d'habiles artisans.

Il n'y a dans cet endroit qu'une seule Cure qui est fort bien desservie ; il y en a trois à la côte de Beaupré, sçavoir sainte Anne, Château-Richer, et l'Ange-Gardien ; et cinq dans l'Isle d'Orleans, qui sont la sainte Famille, S. François, S. Jean, S. Paul et S. Pierre.

Ces huit Cures sont gouvernées par quatre Prêtres dont l'un est attaché à sainte Anne, lieu de pelerinage où l'on va toute l'année ; l'autre dessert Château-Richer et l'Ange Gardien ; le troisiéme partage ses soins entre la sainte Famille et S. François, et le dernier est chargé luy seul de S. Jean, de S. Paul et de S. Pierre : chaque Paroisse aura dans la suite son Curé, lors qu'elle pourra luy fournir sa subsistance, et qu'il y aura plus de Prêtres dans le païs : tous ces lieux m'ont paru pauvres, il n'y a que trois ou quatre Eglises qui ayent esté bâties de pierres par les soins et le secours de Mrs du Seminaire de Quebec : les autres ne sont que de bois, et elles ont besoin d'être ou reparées, ou rebâties, ou achevées, ou ornées au dedans, ou pourvuës de quelques vaisseaux sacrez, d'ornemens, de linge, de fonts Baptismaux, ou accompagnées de Cimetieres fermez, et de Presbyteres qui manquent presque par tout, les Curez étant réduits à se mettre en pension dans des maisons seculieres, où il seroit à souhaiter qu'ils ne fussent pas : ils ont pourtant vécu jusqu'à present avec beaucoup de sagesse, et j'attribuë à leur exemple et à leurs soins le bon ordre que j'ay veu parmi les Habitans de ces lieux-là, qui sont assez universellement gens de bien, et dont les enfans m'ont paru fort bien instruits.

Quelque temps aprés je passay à Montréal, éloigné

de Quebec d'environ soixante lieuës : je visitay sur ma route toutes les Eglises que j'y trouvay des deux côtez de la riviere ; celle d'une petite Ville qu'on appelle les trois Rivieres, et qui est fermée de pieux, fut la seule qui me donna de la consolation ; toutes les autres étoient ou si prêtes à tomber en ruine, ou si dépourvuës des choses les plus necessaires, que la pauvreté où je les vis m'affligea sensiblement ; et je ne doute pas que si les personnes de pieté qui sont en France, avoient vû comme moy ces lieux saints, couverts de paille, tout délabrez, sans vaisseaux sacrez et sans ornemens, elles n'en fussent vivement touchées, et qu'elles n'étendissent leurs aumônes jusques-là, pour y faire celebrer les divins mysteres avec décence.

En entrant à Montréal, j'y fus receu avec de grandes marques d'honneur et de joye par M^r le Chevalier de Calieres Gouverneur, qui comme tout le monde sçait est un homme fort appliqué à son devoir, brave de sa personne, plein d'honnesteté, et tres-capable de son employ au jugement de tous ceux qui le connoissent.

Je fis mes visites dans la Paroisse, dans les Maisons Religieuses, et dans le Seminaire que Mrs de S. Sulpice de Paris y ont établi depuis plusieurs années, et où ils ont un bon nombre de sujets envoyez de France, dont j'ay connu les talens et les vertus, non seulement par la reputation publique, mais par les entretiens particuliers que j'ay eu avec eux, et par la confiance avec laquelle ils ont bien voulu me découvrir leurs plus secrettes dispositions : leur Superieur a esté fait Grand Vicaire par mon Prédecesseur, et il a dans sa Maison de quoy fournir des Curez à la Ville et aux environs, des Superieurs aux Religieuses Hospitalieres et aux Sœurs de la Congregation, et des

Missionaires aux Sauvages. Mr l'Abbé d'Urfé a desiré qu'on le mit au nombre de ceux qui desservent des Paroisses, et il en conduit une des plus exposées avec toute l'application et toute l'ardeur de son zele.

Tous ces differens ouvriers travaillent à l'envi à qui fera le mieux chacun dans leurs postes, et le desir qu'ils ont tous d'être occupez à la sanctification des ames, ne les empêche pas de s'appliquer avec fidelité au soin du temporel, qui nonobstant leur vigilance, ne suffit pas encore aux dépenses de leur Maison.

Leur Superieur est un sujet de merite et de grace qui a receu de Dieu un merveilleux discernement pour placer ceux qui sont sous sa conduite selon la diversité de leurs talens. Il sçait l'art de ménager tous les esprits, et sa prudence jointe à sa douceur et à ses autres vertus luy a gagné l'estime et l'affection de toutes sortes de personnes.

L'Hôpital est administré par dix-huit ou vingt Religieuses Hospitalieres, dont plusieurs sont venuës de France. Ce sont de vertueuses filles ; mais on ne peut gueres être plus pauvres qu'elles le sont. Tout leur bâtiment consiste dans un corps de logis, dont le bas est une salle de malades, étayeé par dehors et par dedans, et le haut est un grenier plutôt qu'un dortoir, où on est obligé de mettre plusieurs lits dans chaque cellule, et où le froid et le chaud sont extrêmes suivant la diversité des saisons.

Il est vray qu'on a commencé de bâtir une nouvelle salle pour les hommes malades, en attendant qu'on puisse en construire une pour les femmes avec les autres lieux necessaires, et sur tout une Chapelle ; mais aprés avoir emprunté pour faire le peu qu'on a fait, il n'a pas esté possible de l'achever, et comme les marchands du païs se lassent de prester à une maison qui est si mal dans ses affaires, il n'y a que Dieu qui sache par quels moyens elle pourra s'établir.

Les vingt mille écus que Madame de Bullion femme du Sur-Intendant avoit donnez pour fonder les lits des pauvres, ont esté réduits par des accidens inopinez à onze ou douze cens livres de rente, et cependant j'ay veu par les comptes de la Maison qu'on dépense sept à huit mille francs chaque année, parce qu'il y a toûjours bien des malades, dont le nombre augmente dans les temps de guerre par la multitude des blessez qu'on y fait porter.

La mesme Dame avoit aussi donné vingt-mille livres pour la fondation des Religieuses; mais ce fond a esté entierement perdu par la mort d'un homme qui l'ayant pris à contrat de constitution est demeuré insolvable envers tous ses creanciers, parce qu'il devoit de grandes sommes au Roy qui a saisi tous ses biens; de sorte qu'il est surprenant que leur Communauté et leur Hôpital n'ait pas peri jusqu'à present, et j'attribuë à leur vertu les ressources extraordinaires qu'elles ont trouvées de temps en temps dans la divine Providence, qui semble leur avoir ménagé des secours impréveus à proportion de leurs besoins et de leurs souffrances. On ne peut avoir plus de soin des pauvres, ni plus de confiance en Dieu qu'elles en font paroistre; et elles meriteroient que le Roy augmentât à leur égard ses liberalitez royales, pour soûtenir une œuvre qui est si bien entre leurs mains, et qui est absolument necessaire à la Colonie.

Les Filles de la Congregation sont aussi assez incommodées dans leurs affaires; c'est mesme une merveille qu'elles ayent pû subsister aprés l'accident qui leur arriva il y a trois ou quatre ans; toute leur maison fût brûlée en une nuit, elles ne sauverent ni leurs meubles, ni leurs habits, trop heureuses de se sauver elles-mesmes ; encore y en eut-il deux d'entre elles qui furent envelopées dans les flâmes. Le courage de celles qui en échaperent les soûtint dans leur extrême pauvreté, et quoy qu'elles fussent plus de trente, la divine providence pourvut à leur pressante necessité. Il semble que cette calamité n'ait servi qu'à les rendre plus vertueuses et plus utiles au prochain, car il n'y a point de bien qu'elles n'ayent entrepris depuis ce temps-là, et dont elles ne soient venües à bout. Outre les petites écoles qu'elles tiennent chez elles pour les jeunes filles de Montréal, et outre les Pensionnaires Françoises et Sauvages qu'elles élevent dans une grande pieté, elles ont établi une Maison qu'on appelle la Providence, dont elles ont la conduite, et où elles instruisent plus de vingt grandes filles, qu'elles forment à tous les ouvrages de leur sexe pour les mettre en état de gagner leur vie dans le service.

De cette Maison sont sorties plusieurs Maîtresses d'école qui se sont répandües en divers endroits de la Colonie, où elles font des Cathechismes aux enfans, et des Conferences tres-touchantes et tres-utiles aux autres personnes de leur sexe qui sont plus avancées en âge.

Il y a sur tout dans la Mission de la Montagne une école d'environ quarante filles Sauvages, qu'on habille et qu'on éleve à la Françoise, en leur apprenant en même-temps les mysteres de la foy, le travail des mains, le chant et les prieres de l'Eglise, non seulement en leur langue, mais encore dans la nôtre, pour les faire peu à peu à nôtre air et à nos manieres. On voit plusieurs de ces filles qui depuis quelques années ont conceu le dessein de se consacrer tout à fait à Dieu avec les Sœurs de la Congregation, dont elles suivent déja fidellement les Regles et les Observances :

mais on n'a pas encore jugé à propos de leur faire contracter aucun engagement ; et on ne leur permettra qu'aprés les avoir long-temps éprouvées.

Cette Mission de la Montagne, dont je viens de parler, merite bien que je m'y arreste un peu, parce qu'il s'y fait beaucoup de bien. C'est un village enfermé dans un petit fort assez bien muni et en état de se défendre ; il n'est éloigné de la Ville de Montréal que d'un quart de lieuë, et les habitans sont des Iroquois et des Hurons, non seulement bien convertis, mais parfaitement fervens, qui ont esté assemblez et cultivez par le zele et par les soins de Messieurs de Saint Sulpice.

Celuy de ces Messieurs qui s'y applique autant par obeïssance que par inclination est un homme de merite, dont je suprime ici le nom pour faire plaisir à sa modestie. Sa naissance et son choix l'attachoient autrefois en France à des emplois bien differens de ceux dont il est à present chargé, et il s'est toûjours acquité de ses devoirs avec honneur. Dieu lui a donné un esprit vif et agreable, capable de toutes les sciences et de tous les arts ; et comme il n'a pas moins de memoire que d'intelligence, il avoit appris dans ses voyages la pluspart des langues d'Europe, comme pour se préparer à apprendre plus aisément dans la suite celles des Sauvages de la nouvelle France, où par un coup extraordinaire de grace il fait à present les fonctions d'un excellent Missionaire, qui gouverne son troupeau avec autant de pieté que de sagesse.

La ferveur qui regne dans cette Mission ne cede en rien à celle de toutes les autres dont je parleray dans la suite de cette Lettre. On y vit non pas comme dans un fort, mais comme dans un Cloître, et toutes les vertus s'y pratiquent selon les regles de la plus haute perfection évangelique. Il y a presque toûjours quelqu'un qui prie dans la Chapelle, on n'y voit jamais parler personne, et plusieurs s'en interdisent l'entrée pour des fautes fort legeres, dont ils se punissent volontairement eux-mêmes, en se tenant par esprit d'humilité et de penitence à la porte : ils ont tous une merveilleuse application à conserver leur innocence ; ils n'ont pas moins de soin de se tenir par tout dans une grande recollection ; et aprés qu'ils ont parlé à Dieu dans l'Oraison avec une simplicité charmante, ils font retentir les cabanes et les champs de Cantiques spirituels durant le temps de leur travail et de leurs occupations domestiques : quand ils sont les uns avec les autres, ils s'entr'animent à la vertu par la sainteté de leur conversation, et ils exercent entr'eux en toute occasion une charité continuelle. Enfin l'idée qu'ils ont de la grace du Baptême leur imprime un zele ardent pour le procurer à leurs amis, et encore plus à leurs enfans dés qu'ils sont venus au monde ; et l'on a vû des femmes Chrêtiennes qui étant accouchées durant le cours de quelques voyages, sont revenuës exprés de plus de cent lieuës pour faire baptiser ces petites creatures par leur charitable Missionaire.

Ce digne ouvrier a un soin particulier de la jeunesse, Il se décharge des filles sur les Maîtresses d'école que les Sœurs de la Congregation envoyent dans le village ; et il est le Maître de toutes choses à l'égard des jeunes garçons : il ne se contente pas de leur apprendre la doctrine Chrêtienne et la maniere de bien vivre, il leur enseigne aussi à parler François, et à chanter le plein-Chant et la Musique, selon qu'ils ont de la voix. Les uns ont appris sous luy à être Tailleurs, les autres sont devenus Cordonniers, et il y en a même de Massons qui ont déja bâti de leurs propres mains de petites maisons à l'Europeanne.

Le travail le plus commun est la culture des champs qu'ils défrichent pour y semer du bled d'Inde ; et malgré l'amour excessif qu'ils ont naturellement pour le repos, le Christianisme les a rendus si laborieux, qu'il y en a quelques-uns, qui aprés avoir cultivé plus de terre qu'il ne leur en faut pour eux et pour leur famille, en loüent, ou en donnent aux autres. C'est tout ce que je puis dire en abregé de cette Mission, et il faut reprendre le cours de mes visites.

Le voyage le plus long et le plus fatigant que j'aye fait est celuy de l'Acadie et du Port Royal, qui est distant de Quebec de prés de 200. lieuës. Je partis le Mercredy d'aprés Pâques second jour du mois d'Avril, malgré les glaces qui nous mirent plusieurs fois en peril, et qui nous retarderent extrêmement. Comme nôtre marche étoit lente, j'eus le loisir de visiter en passant la Mission du Sud ; le premier jour on ne put faire qu'une lieuë, et on s'arrêta à la pointe de Levi, où je fus voir l'emplacement du Presbytere qu'on esperoit y construire de pierres, auprés d'une Chapelle qui est une des plus propres et des mieux bâties du Canada, et qui est dediée à Dieu sous l'invocation de S. Joseph, Patron de toute la Nouvelle France. Quelques jours aprés je vis le nouvel édifice d'une autre qu'on éleve à la pointe à la Caille, et qu'il faudra pourvoir de toutes choses ; elle sera desservie par le même Missionaire qui est au Cap de S. Ignace, dont l'Eglise qui n'est que de bois est assez jolie, mais aussi pauvre que les autres, quoi qu'elle soit dans le lieu le plus peuplé de la Mission. Je séjournay à la riviere des trois Saulmons, où je fus surpris de ce qu'on n'avoit pas encore commencé la Chapelle qu'on avoit ordre d'y bâtir, on me promit qu'on y travailleroit incessamment ; et aprés avoir confessé les enfans qui n'avoient pû être confessez à Pâques, nous arrivâmes le lendemain à la Bouteillerie, dont les Habitans avoient esté plus diligens à bâtir la leur. Je fus fort consolé de la trouver si avancée ; mais je fus affligé en même-temps de voir qu'il n'y avoit qu'un seul Missionaire pour cet endroit, pour la grande Anse, et pour la riviere du Loup, qui est la derniere habitation du Canada, et qui est un endroit fort propre pour y assembler les Sauvages ; on y en attendoit une centaine, dont le nombre s'augmenteroit beaucoup en peu de temps, si on pouvoit leur donner un Missionaire, comme ils le desirent, et comme nous l'esperons. C'est-là qu'étans un peu affoiblis par les fatigues de plusieurs jours de navigation et de marche tres-penible, nous nous préparâmes par huit ou dix autres jours de repos à en essuyer de nouvelles. Nous nous remîmes donc en chemin le 7. de May : j'avois avec moy deux Prêtres et cinq hommes, qui devoient me servir de canoteurs, c'est à dire, de gens destinez à conduire les canots sur l'eau, et à les porter sur terre quand il faut passer à pied d'un lac à un autre ; ce qui arrive fort souvent, et qui rend cette maniere de voyage tres-incommode.

Comme nos guides, pour prendre le plus court chemin, nous menoient par une route non frequentée, où il falloit tantôt naviguer et tantôt marcher, dans un païs où l'hyver duroit encore ; nous rompions quelquefois les glaces sur les rivieres, pour faire un passage aux canots, et quelquefois nous descendions des canots pour passer sur les neiges et dans les eaux qui étoient répanduës dans les espaces de terre qu'on appelle des portages, parce qu'il y faut porter les canots sur les épaules.

Pour marquer mieux nôtre route, nous donnâmes

des noms à tous ces portages, aussi bien qu'aux lacs et aux fleuves qu'il a fallu traverser. Nous navigeâmes sur les quatre rivieres du Loup, des Branchs, de S. François, et de S. Jean ; on fait peu de chemin sur les deux premieres, on est plus long-temps sur les deux autres. Celle de S. François est plutôt un torrent qu'une riviere ; elle est formée par la chûte de plusieurs ruisseaux qui tombent de deux chaînes de montagnes dont elle est bordée à droite et à gauche ; elle n'est navigable que depuis le dix ou le douziéme de May, jusques vers la fin de Juin ; pour lors elle est si rapide, qu'on y feroit sans peine vingt à vingt-cinq lieuës par jour, si elle n'étoit point traversée en trois ou quatre endroits par quelques arbres ; qui en chaque endroit occupent environ quinze pieds d'espace, et qui laisseroient le passage libre si on les coupoit, comme on le peut faire avec fort peu de dépense; car on ne croit pas qu'il en coûtast deux cens pistoles à débarasser le canal de ces obstacles, qui retardent beaucoup les voyageurs.

La riviere de S. Jean a bien plus d'étenduë et de beauté que celle-là ; on dit qu'elle a prés de quatre cens lieuës de course, et l'on en compte cent soixante depuis le lieu où nous la prîmes jusqu'à son embouchure ; son cours est toûjours égal, et les terres qu'on voit sur ses bords paroissent bonnes : on y trouve plusieurs Isles fort agreables, et quantité d'autres rivieres fort poissonneûses au Nord et au Sud, qui venant à s'y décharger, entretiennent son canal. Il nous a semblé qu'on pourroit faire de belles Colonies entre Medogtek et Gemesech, et sur tout dans un certain lieu que nous avons nommé Sainte Marie, où la riviere s'élargissant est entrecoupée d'un grand nombre d'Isles qui seroient apparemment fort fertiles si elles étoient défrichées. Une Mission pour les Sauvages seroit bien là ; le terrain n'a pas encore de maître particulier, le Roy ni le Gouverneur n'en ayant pas fait jusqu'à present de concession à personne.

Dés le second jour de nôtre navigation sur ce fleuve nous rencontrâmes pour la premiere fois une cabane de Sauvages Chrêtiens de la Mission de Sillery, qui pour aller à la chasse, étoient venus se poster à l'embouchure d'une riviere qu'ils appellent Madoüaska, et que nous nommâmes la riviere de S. François de Sales. C'est en la remontant que les Sauvages vont se rendre à une autre riviere qui tombe avec rapidité dans le fleuve de S. Laurent environ vers le Bic.

On ne peut expliquer combien ces pauvres Chrêtiens eurent de joye de nous voir, et combien nous en eûmes aussi de les trouver ; ils nous firent present d'une partie de leurs vivres, dans un temps où les nôtres nous manquoient; et le même jour nous en trouvâmes d'autres en plus grand nombre dans trois cabanes qui nous régalerent de même, et qui nous demanderent avec instance un Missionaire pour les instruire : quelques-uns d'entr'eux étoient venus de l'Isle Persée, et je fus surpris d'en voir un qui parloit un peu François, et qui avoit esté en France.

Le jour suivant dix-septiéme de May nous vîmes l'endroit qu'on appelle le grand Sault saint Jean-Baptiste, où la riviere de Saint Jean faisant du haut d'un rocher fort élevé une terrible cascade dans un abîme, forme un broüillard qui dérobe l'eau à la veuë, et fait un bruit qui avertit de loin les navigateurs de descendre de leurs canots. Ce fut-là qu'un homme sortant de l'Acadie, où il avoit esté envoyé par Mr l'Intendant, me donna une de ses Lettres, et je me servis de l'occasion pour donner aussi de mes nouvelles à Mr le Gouverneur qui pouvoit être en peine de nous.

Le dix-huitiéme nous fûmes coucher à Medogtek, premier fort de l'Acadie, où je consolay extrêmement une centaine de Sauvages, lors qu'étant allé les visiter, je leur dis que je venois exprés pour établir en leur faveur une Mission dans le païs. Il seroit à souhaiter que les François qui ont des habitations sur la route fussent assez reglez dans leurs mœurs pour attirer par leur exemple ces pauvres gens au Christianisme ; mais il faut esperer qu'avec le temps la reformation des uns servira à la conversion des autres.

Jusqu'ici je ne m'étois pas separé de la petite troupe que j'avois amenée avec moy de Quebec, mais je fus obligé de me détacher avec un Prêtre, et d'envoyer le reste de mon monde au bas de la riviere saint Jean, attendre une commodité pour passer au Port Royal, pendant que j'irois par le fort de Richibouctou, où il y a environ 50. Sauvages, et celuy de Miramichy, où il étoit important que je visse moy-même en quel état étoit la petite Mission qu'on y avoit commencée durant l'hyver.

Nous n'y arrivâmes que la veille de la Pentecôte, aprés avoir mis trois jours à faire dix-huit lieuës, partie en côtoyant la mer, partie en marchant sur le rivage, non seulement le jour, mais aussi la nuit par la pluye et le mauvais temps.

Miramichy est un lieu fort agreable sur la riviere de Manne, à une lieuë de celle de Sainte Croix; il y a un petit fort de quatre bastions formez de pieux, et dans ce fort une maison où Mr de Tronsac fait sa demeure. Prés de là est un lieu qu'on appelle en langage du païs Skinoubondiche, et nous avons pris aux environs les trois lieuës que Mr Denis nous a données pour nôtre Mission. Mr Thury qui a resolu d'y faire nôtre premier établissement, (qu'on espere devoir être suivi de quelques autres, si les fonds necessaires ne nous manquent pas) aprés quelques assemblées generales des Sauvages et plusieurs conferences particulieres avec leurs Capitaines, étoit convenu avec eux de deux points qu'il avoit jugé essentiels; l'un pour assurer la subsistance de ceux qui se fixeroient à cette habitation, l'autre pour prévenir les désordres qui pourroient leur arriver de l'eau de vie. Il les a engagez à défricher la terre dont il est en possession, et à souffrir que les bleds d'Inde qu'on recüeilleroit chaque année, fussent mis dans un magazin commun, pour être ensuite distribuez par son ordre avec œconomie aux familles qui auroient travaillé, en préferant les malades, les veuves et les orphelins, aux personnes saines et aux jeunes gens. Par ce moyen on empêchera d'un côté la faineantise de quelques-uns, et de l'autre on remediera au foible qu'ils ont de consumer en peu de semaines ou de mois des provisions, qui étant bien ménagées, suffiroient pour l'année entiere.

A l'égard de l'eau de vie, ils luy ont promis qu'ils n'en boiroient que par sa permission et par mesure, voulant bien qu'on ne leur en donne jamais plus d'un demi-septier à la fois. Ils le logent dans leurs cabanes et le nourrissent à leur maniere, en attendant que la divine Providence nous donne le moyen de luy bâtir une maison et une Chapelle, et de luy fournir un fonds stable pour vivre parmi eux, et pour faire subsister avec luy un autre Missionaire sans leur être à charge.

J'eus la consolation de les entretenir plusieurs fois par interprete durant sept jours, de leur dire la Messe tous les jours dans leurs cabanes, et de leur entendre chanter les prieres du soir et du matin d'une maniere fort devote, et qui me parut assez harmonieuse. Ils s'efforçoient à l'envi de me témoigner leur reconnoissance des fatigues que j'avois prises pour venir de si loin les voir, et de la grace qu'on leur avoit faite de pourvoir aux besoins de leurs ames et de leurs corps, en leur donnant un Missionaire qui avoit pris des mesures pour procurer en même-temps le temporel et le spirituel à leurs familles.

Avant que de me separer d'avec eux, j'exhortay extrêmement les François qui les frequentent, à se souvenir qu'ils étoient étroitement obligez à leur donner l'exemple de la sobrieté et de la chasteté Chrêtienne, pour ne pas les scandaliser dans un temps où leur foy étoit encore foible et susceptible de toutes les tentations humaines.

Comme je devois parcourir autant que je le pourrois toutes les habitations Françoises de l'Acadie, pour connoître par moy-même l'état de cette nouvelle Colonie, je passay à Richibouctou, à Chedaik, à l'Isle S. Jean qui me sembla belle, au Cap Louïs, au petit-Passage, à Fronsac et à Chetabouctou, où je voulois m'arrêter un peu pour y voir la pêche sedentaire établie depuis deux ans par une Compagnie particuliere de France, qui étant soûtenuë et secouruë par le Roy, pourra dans la suite se dédommager avec usure des avances qu'elle est obligée de faire, pourveu qu'on continuë à y envoyer tous les ans quelques habitans, sur tout des pescheurs : qu'on leur fournisse des chaloupes et des filets, et qu'en les laissant d'abord pescher pour leur compte, ils se mettent en état avec un peu d'aide, d'entreprendre quelque défrichage. Le Commandant du fort est Mr de la Boullaye Lieutenant de Roy dans la Province, homme d'honneur et affectionné aux interêts de la Compagnie ; il y a cinquante François occupez à la pesche et au travail, que deux Peres Penitens de la Province de Normandie ont grand soin d'instruire. Ces bons Religieux disent la Messe tous les jours, et font avec application toutes les fonctions Curiales.

Une Compagnie de soldats, dont les uns seroient pescheurs, les autres manœuvres et artisans, feroit à mon avis merveilles en ce lieu-là.

Pour passer de là à Beaubassin, nous eûmes assez à souffrir, principalement durant les trois derniers jours dans le portage d'une prairie, où la chaleur de la saison nous exposa aux piqueures insuportables des maringoüins ; et il semble que cette experience nous étoit necessaire, pour nous apprendre à plaindre les pauvres gens, qui dans cette saison-là sont exposez à la cruelle persecution de ces petits moucherons, en travaillant dans les bois et dans la campagne.

La situation de Beaubassin est charmante ; il est arrosé de sept rivieres assez grosses, qui aprés avoir formé cinq Isles, vont se jetter dans la mer à l'endroit d'un bassin de cinq à six lieuës de tour qui fait naturellement un des plus beaux havres du monde. On en sort par une embouchure qui n'ayant que demie lieuë de large, n'est pourtant pas dangereuse, et qui sert d'entrée dans la Baye Françoise, qu'on dit avoir au moins deux cens lieuës de côtes. On compte dans cette habitation cent cinquante ames, sans y comprendre trois familles Chrêtiennes de Sauvages qui s'y sont retirées pour y faire du bled d'Inde. Les premiers François qui s'y transplanterent il y a dix ans, sortirent de Port-Royal : ils y furent réduits d'abord à ne vivre que d'herbages, ils ont eu beaucoup de peine dans la suite à faire du bled, parce que les terres labourables étant innondées de la marée, il a fallu les garentir de l'inondation par des digues qu'on a élevées à force de travail et de dépense. Ils sont maintenant plus à leur aise, et comme ils ont de bons et de vastes pâturages, ils y ont mis quantité de vaches et de bestiaux qu'ils ont tirez de l'Isle de Sable, où le feu Commandeur de Rasilly les ayant fait jetter autrefois, ils sont devenus comme Sauvages, et ne se laissent approcher qu'avec peine ; mais on les apprivoise peu à peu, et ils sont d'un grand secours pour chaque famille qui peut aisément en avoir bon nombre. A present qu'ils cueillent un peu de grain, ils s'animent à la pesche, soit celle du saulmon qui se fait dans la Baye, soit celle de la moruë qui n'est qu'à soixante lieuës. Si quelque vaisseau de France pouvoit leur porter tous les ans des étoffes et d'autres petites commoditez, il trouveroit sa charge de bois, de planches, et de saulmon sallé pour les Isles. Les Anglois auxquels ils se sont addressez pour se pourvoir dans leurs besoins, les ont fort peu secourus, et la necessité leur a donné l'industrie de se faire quelques toiles et quelques étoffes grossieres, mais ils ne peuvent en fabriquer assez pour se vêtir tous.

Ils avoient esté assistez jusques alors par un Pere Recollet, mais ayant esté rappellé à Quebec pour y étre Superieur de leur Maison, je leur ay donné un Prêtre qui leur servira de Curé, comme ils le desirent : ils meritent d'être cultivez ; ce sont de fort bonnes gens, qui craignent Dieu, qui vivent en paix, et qui seroient tout à fait irreprochables, s'ils avoient esté plus reservez à traiter de l'eau de vie avec les Sauvages. Ils ont écouté sur cela mes avis avec beaucoup de docilité, et ils ont fait pour la pluspart leurs devotions avec de grandes démonstrations de pieté. Leur Chapelle est petite, elle n'est que de torchis environné de pierres ; la couverture n'est que de paille, et le corps du bâtiment ne pouvant pas durer longtemps, il faut penser à en construire une autre, avec un Presbytere et un Cimetiere tout proche ; car celuy dont on se sert est trop éloigné, et il faut passer une riviere pour y porter les corps qu'on enterre. Dieu pourvoira s'il luy plaît à tous ces besoins.

De là je passay aux Mines : c'est une habitation qui s'appelle ainsi, à cause du voisinage d'un rocher, où selon toutes les apparences il y a une mine de cuivre, qu'on nous fit voir en passant. Les Habitans sont de jeunes gens bien faits et laborieux, qui sont sortis de Port-Royal, comme ceux de Beaubassin, dont ils ont suivi l'exemple pour desseicher leurs marêts. J'employay un jour entier à contenter leur devotion; le matin je fus occupé à les exhorter, à les confesser et à les communier à ma Messe, et l'apresdînée à baptiser quelques enfans, et à terminer des divisions et des procés.

Ils me presserent en partant de leur donner un Prêtre, et ils me promirent non seulement de le nourrir, mais encore de luy bâtir une Eglise et un Presbytere dans une Isle appartenante à l'un d'eux qui me l'offrit à ce dessein, ou toute entiere, ou en partie, selon qu'on en auroit besoin.

Dans le trajet qu'il nous fallut faire pour aller au Port-Royal, aprés neuf jours d'une fâcheuse navigation où on ne dormit presque point, et où nous pensâmes perir, enfin le jour de S. Jacques manquant de vivres, et ne nous pouvant resoudre à relâcher de dix lieuës, nous fûmes contraints de débarquer pour prendre le chemin des bois qui nous conduisit au terme. Mr de Villebon qui commandoit dans la place en l'absence du Gourverneur, me receut avec ses gens sous les armes, et me fit en son particulier toutes les honnêtetez possibles ; mais ma principale joye fut de voir le jour de Sainte Anne, la ferveur avec laquelle la pluspart receurent les Sacremens.

Ils étoient tous fort attentifs à la parole de Dieu, et ils me parurent sincerement disposez à moderer, nonobstant leurs interêts, le commerce de l'eau de vie avec les Sauvages si on le jugeoit necessaire, me conjurant même d'obtenir sur cela de nouvelles Ordonnances, et de tenir la main à l'execution de celles que le Roy a déja faites dans toute la Colonie, pour ne pas retarder la conversion de tant de Barbares, qui semblent n'avoir que ce seul obstacle à rompre pour devenir des parfaits Chrêtiens.

L'Eglise est assez jolie, et raisonnablement pourveuë de toutes choses. J'y ay mis un second Ecclesiastique, pour soulager le premier qui ne pouvoit suffire à tous, et qui ayant sceu mon arrivée à Quebec me donnoit une connoissance anticipée de toutes choses par sa Lettre du vingt-deuxiéme Octobre 1685. en ces termes.

« Cette habitation, dit-il, est composée d'environ « quatre-vingts familles qui font pour le moins six cens « ames, gens d'un naturel doux, et porté à la pieté ; « on ne voit parmi eux ni juremens, ni débauches « de femmes, ni yvrognerie ; quoi qu'ils soient dis- « persez jusqu'à quatre et cinq lieuës sur la riviere, « ils viennent en foule à l'Eglise les Dimanches et les « Fêtes, et ils y frequentent assez les Sacremens. « Dieu me garde d'attribuer leur pieté à mes petits « soins, je les ay trouvez sur ce pied-là quand je « suis venu ici ; et cependant il y avoit quinze ou « seize ans qu'ils étoient sans Prêtres sous la domi- « nation des Anglois ; je dois rendre cette gloire à « Dieu, et à eux cette justice. J'ay auprés de moy « un homme qui a de la vertu et du talent pour l'ins- « truction de la jeunesse, il fait avec fruit les petites « écoles aux garçons dans la maison où je le tiens « avec moy ; et je fais moy-même le Catechisme aux

« filles dans l'Eglise. Cet homme est le seul avec « qui je puisse m'entretenir de Dieu à cœur ouvert, « n'ayant d'ailleurs dans le voisinage nul secours spi- « rituel depuis neuf ans que je suis sans compagnon, « et sans conseil, au milieu de mille difficultez qui « peuvent survenir à une personne comme moy, qui « ay passé la plus grande partie de ma vie dans un « état si different de celuy que je professe à present, » et qui suis averti par mes infirmitez corporelles de « me préparer à la mort. C'est là, je l'avouë, ma « plus grande croix, n'ayant d'ailleurs que de la sa- « tisfaction de la part de mes chers Paroissiens, qui « n'ont que trop d'amitié, et de consideration pour « moy. Vôtre prédecesseur, Monseigneur, m'avoit « envoyé ici pour me consoler Mr Thury, qui est re- « tourné sur ses pas rendre compte de ses courses « Apostoliques ; il vous fera mieux la peinture de « nôtre état par un seul de ses entretiens que je ne le « pourrois faire par la plus longue de mes Lettres : » donnez-luy s'il vous plaist une prompte audience, « et renvoyez-le-nous sans délay avec un autre Prê- « tre, s'il est possible, pour aller non seulement se- « courir plusieurs pauvres familles qui se sont éta- « blies à quinze ou seize lieuës d'ici, où elles sont « comme abandonnées, le Pere Claude ni moy n'y pou- « vant aller ; mais aussi pour pouvoir faire des cour- « ses jusqu'à trente et quarante lieuës, au Cap de « Sable, à la riviere de S. Jean, et autres lieux cir- « convoisins le long de cette côte, où il n'y a point « de Missionaires. Monsieur de S. Castin en de- « mande un pour Pentagoüet, où il fait sa demeure « ordinaire avec des Sauvages, qui desirent de se « faire instruire. Ce Gentilhomme a besoin luy-même « de ce secours pour se soûtenir dans le bien. Il « passa en ce païs dés l'âge de quinze ans, en qua-

« lité d'Enseigne de Mr de Chambly ; et ayant été « obligé à la prise de Pentagoüet de se sauver dans « les bois avec les Sauvages, il se vit comme forcé de « s'accommoder à leur maniere de vie. C'est un fort « beau naturel, il merite d'être aidé ; nous luy avons « de grandes obligations ici : comme il est genereux, « et qu'il est fort à son aise, il nous a fait souvent « des aumônes considerables pour nôtre Eglise, qui « sans son secours et sans un legs d'un autre parti-« culier, seroit beaucoup plus pauvre qu'elle n'est ; « je n'y entre jamais que je ne me souvienne de luy ; « et quand il vient ici me voir, ce qui luy arrive or-« dinairement deux fois par an, il est ravi d'assister « au service que nous y faisons les Dimanches avec « toute la décence qui nous est possible. Ces jours-là « nous chantons toûjours une Messe haute, où je fais « une instruction familiere selon ma petite capa-« cité, et à la portée de mes auditeurs. A deux heures « nous chantons Vêpres, qui sont suivies d'un petit « Salut, et du Catechisme que je fais aux filles. « Quand je vins ici je sçavois fort peu de Plein-chant, « et nous manquions même de Livres d'Eglise : mais « comme on nous en a envoyé cette année de Paris, « et qu'à force de m'exercer avec quelques jeunes « gens nous nous sommes un peu stilez à chanter ; « la Psalmodie ira desormais de mieux en mieux. « Pour suppléer au défaut des Ecclesiastiques nous « avons dix ou douze jeunes garçons qui nous aident « au chant, et aux ceremonies comme des enfans de « chœur en robes rouges et en surplis ; et si nous « avions encore un Prêtre, il me semble que tout « iroit bien. Je sçay, Monseigneur, que ce sera un « surcroît de dépense, et que le Seminaire de Quebec, « qui jusqu'à present en a soûtenu de grandes, ne « sera peut-être pas en état d'ajoûter celle-cy à toutes

« les autres, mais quand vous retournerez en France,
« vous trouverez peut-être à la Cour ou ailleurs quel-
« que petit fonds extraordinaire pour entreprendre
« un si grand bien; il me suffit de vous marquer mes
« foibles veuës, et je dois ensuite me reposer sur
« vôtre zele. »

C'est ainsi que ce vertueux Ecclesiastique m'écrivoit, d'où l'on peut juger combien à present sa consolation est grande : je luy ay renvoyé Mr Thury qu'il demandoit pour la Mission de la Croix, et je luy ay mené moy-même, comme j'ay déja dit, encore un autre Prêtre, qui luy servira de second au Port-Royal, le service s'y fera mieux, on y gardera par proportion les mêmes ceremonies qu'à Quebec; on ira plus aisément durant l'hyver baptiser les enfans dans les maisons écartées, où les laïques les baptisoient trop librement, et on pourra plus facilement soûtenir l'instruction de la jeunesse qu'on a jusqu'ici bien cultivée. j'ay reconnu avec plaisir qu'une bonne Sœur que j'avois envoyée devant moy de Quebec en ce lieu-là, y avoit déja fait beaucoup de bien pour les femmes et pour les filles; sa maison sera desormais le rendez-vous des unes et des autres ; elle apprendra à lire, à écrire, et à travailler à quelques-unes ; elle pourra prendre des Pensionaires, et en trouver dans leur nombre qui seront capables de luy succeder, et peut-être même de faire une petite pepiniere de Maîtresses d'école pour répandre dans le païs. Plût à Dieu que j'eusse le bonheur de voir cela au plutôt, et d'y pouvoir joindre une petite Communauté d'Ecclesiastiques qui fournît par tout des Curez et des Missionaires en état d'aller chercher les Sauvages jusques dans la Colonie des Anglois.

Ce fut là le souhait que je formay avant que de quitter le Port-Royal, d'où il fallut revenir sur nos pas à Beaubassin : tout le monde y fit une seconde fois ses devotions, et j'y achevay de certains accommodemens que j'avois laissez imparfaits ; je repassay aussi à Miramichy ; au lieu de prendre la route de Ristigouche, et de Mattanne pour nous rendre à Quebec, je pris celle de l'Isle-Persée, où je sçavois que ma presence ne seroit pas inutile. Je n'y arrivay que le vingt-sixiéme d'Aoust, aprés avoir essuyé beaucoup d'incommoditez ; et pendant le sejour que j'y fis j'eus le temps d'aller visiter tous les lieux où les pescheurs font leur pesche. Il y en a quelques-uns qui ont profité de ma visite, et dont j'ay lieu d'être content ; mais j'ay trouvé en plusieurs peu de disposition à vivre Chrêtiennement, nonobstant les soins d'un bon Religieux de l'Ordre des Recollets, à qui l'on rend témoignage qu'il vit parmi eux avec beaucoup de regularité. Ces dereglemens que j'ay veus ne sont pas des maux sans remede, et on a déja pris quelques mesures pour y mettre ordre.

Dés que la Barque que j'attendois de Quebec fut arrivée nous nous embarquâmes, et je me chargeay de trois jeunes filles de Sauvages, pour en mettre deux aux Ursulines, et la troisiéme dans la maison de la Providence que j'ay établie à Quebec.

Comme on sçavoit quelque chose des risques que j'avois courus durant mon voyage, on me témoigna beaucoup de joye de mon retour : la mienne répondit à celle de tout le monde ; je sentis pourtant qu'il y manquoit quelque chose, j'avois une vraye douleur de n'avoir rencontré sur ma route aucune de ces ferventes Missions que les Jesuites cultivent à la sueur de leur front, et au peril de leur vie. J'aurois voulu du moins avoir le temps d'y faire un tour avant mon départ pour France : mais n'ayant pû me donner cette consolation, j'ay tâché de m'en faire instruire, et voici en abregé ce que j'en ay appris plus en détail, partie par les memoires qu'on m'a donnez, partie par les réponses que les Missionaires ont faites à la Lettre circulaire que je leur avois écrite.

Mais avant d'entrer dans ce recit il me semble que je ne puis me dispenser d'inserer ici en passant quelque chose d'une petite entreprise militaire, qui se faisoit dans la Baye d'Hudson, sous la conduite de Monsieur de Troyes, dans le même temps que je faisoit ma petite expedition Evangelique dans l'Acadie. Le Pere Silvy Jesuite, qui de Missionaire de Sauvages étoit devenu en cette occasion l'Aumônier d'un petit Corps de troupes composé de Canadiens, a si bien ramassé en peu de mots tout ce qui s'y est fait de plus remarquable, que j'ay cru devoir transcrire sa Lettre du trentiéme de Juillet 1686.

« Ce n'a pas esté, dit-il, sans bien des risques et « des fatiques qu'avec l'aide de Dieu nous sommes « venus à bout de nos desseins. La route depuis « Mataoüan est extrêmement difficile, ce ne sont que « rapides tres-violents et tres-perilleux à monter et « à descendre ; je fus plusieurs fois en danger de me « perdre avec tous ceux qui m'accompagnoient, le « Charpentier Noël le Blanc, un de nos meilleurs « hommes, et dont nous avions le plus de besoin, fut « englouti tout d'un coup sans reparoître sur l'eau, « Mr d'Iberville qui le menoit avec luy, ne se sauva « que par son adresse, et par sa présence d'esprit « qu'il conserva toûjours toute entiere. D'autres s'é- « tans sauvez à la nage en furent quittes pour la « perte de leur canot, de leur bagage, et de leurs « vivres. Ces désastres néanmoins n'étonnerent pas « nôtre petite flote, qui arriva enfin auprés des Hol- « landois, sans qu'ils eussent le moindre vent de « nôtre marche. Ces Messieurs ne se défians de rien,

« dans leur Fort de Monsousipiou, y furent surpris « pendant leur sommeil, ils ne pûrent ni tirer un « coup, ni même se mettre en défense, le bruit du « Belier, dont on enfonçoit une grosse porte bien « ferrée, et les mousquetades de nos gens qui per- « çoient sans cesse leurs chambres d'outre en outre, « les éveillerent en sursaut. En moins d'un quart « d'heure on fut maître de leur Fort et de leur maison, « où ils eurent à peine le loisir de demander « quartier, tant on alloit vîte en besongne. Cepen- « dant ce Fort avoit quatre bastions munis de bons « canons qui ne servirent de rien, et la platte-forme « de la maison avoit aussi les siens qui demeurerent « inutiles. Un des assiegez plus fier que les autres, « y ayant voulu monter pour en braquer un contre « nous, fut tué sur le champ, et paya luy seul pour « tous les autres. Les quinze qui restoient eurent la « vie, et on s'assura de leurs personnes. Nous en « eussions pris quinze autres dans une barque que « nos découvreurs avoient apperceuë la veille, si elle « ne fût partie le même jour pour Nemiskau, où le « petit Brigueur nommé pour commander l'année sui- « vante au fonds de la Baye, alloit porter des ordres, « et faire faire des travaux. Nous fûmes bien fâchez « de l'avoir manquée, et comme elle nous étoit né- « cessaire pour porter du canon au Fort de Kitchit- « choüan, on prit résolution de la suivre, et d'aller « attaquer Nemiskau gardé par quinze autres Hollan- « dois, esperant enlever l'un et l'autre en même- « temps pour y pouvoir ensuite aller prendre Kitchit- « chionaa, poste principal où étoit le Gouverneur « avec trente hommes de la même Nation.

« Monsieur d'Iberville avec douze Maîtres fut en « canot affronter la barque durant la nuit, et il la « prit pendant que Mr de Troyes suivi de son monde

« prenoit le Fort avec la même facilité, sans nulle « perte de nôtre part. Les ennemis n'y perdirent de « leur côté que deux hommes, et il y en eut deux « autres avec une femme qui furent blessez. Aussi-« tôt on mit sur la barque tous les canons du pre-« premier Fort, et nous étans rendus en diligence « devant le 3e. (où on ne nous attendoit pas) il se « rendit par composition, aprés avoir esté criblé « par six vingts coups de canon en moins d'une « heure; on y entra tambour battant et enseigne dé-« ployée le propre jour de sainte Anne, c'est à dire « de la Sainte qu'on avoit prise pour Patrone du « voyage et de l'entreprise. Voilà, Monseigneur, « continuë ce Pere, les coups d'essay de nos Cana-« diens, sous la sage conduite du brave Mr de Troyes, « et de Mrs de Sainte Heleine et d'Iberville ses Lieu-» tenans. Ces deux genereux freres se sont mer-« veilleusement signalez ; et les Sauvages qui ont vû « ce qu'on a fait en si peu de temps et avec si peu de « carnage, en sont si frappez d'étonnement, qu'ils « ne cesseront jamais d'en parler par tout où ils se « trouveront. Je n'en ay vû qu'un tres-petit nombre « de diverses Nations, dont les uns m'entendoient, « et les autres ne m'entendoient pas : comme on « ne leur parle qu'en passant, parce qu'ils courent « toûjours ; il n'y a gueres d'apparence qu'on puisse « si tôt les faire Chrêtiens : il faut esperer néanmoins « que Dieu par sa bonté toute-puissante leur donnera « les moyens de se convertir, s'ils veulent concourir « avec nous à cet important ouvrage. »

Ainsi finit ce zelé Missionaire, qui nous fait retomber insensiblement dans le narré des Missions, où les ouvriers Apostoliques de sa Compagnie travaillent comme luy d'une maniere infatigable.

Outre les Missionaires particuliers, qui tout attachez qu'ils sont à leur Eglise, ne laissent pas de faire de temps en temps des excursions Apostoliques dans les lieux circonvoisins, pour porter par tout le flambeau de l'Evangile, sans autre interest que celuy de la gloire de leur Maître; il y a entr'eux quelques Superieurs Majeurs, sous le Recteur de la Maison de Quebec, qu'ils regardent comme leur Superieur universel dans toute la Nouvelle-France.

Je n'ay point sceu jusques ici precisément combien d'ames de Sauvages sont sous la conduite de ces hommes Apostoliques, en réünissant ensemble toutes les brebis des divers troupeaux dont ils sont Pasteurs. Je n'ay pû sçavoir non plus à quoy peut monter à peu prés tous les ans le nombre des nouveaux Chrêtiens qu'on baptise dans tous ces differens endroits ; je sçay seulement que dans la seule année 1679. dont j'ay veu un journal exact ; on baptisa prés de treize cens, tant enfans qu'adultes ; et le rôle des baptisez durant les trois années suivantes alloit à plus de deux mille personnes, dont une partie mourut aprés le Baptême, ce qui est un gain assuré pour le ciel, et une semence jettée dans le sein de Dieu pour germer comme on l'espere au centuple ici-bas dans son Eglise.

Que si ce nombre de Baptêmes paroît peu considerable à quelqu'un par rapport à la multitude des ouvriers ; on le prie de faire reflexion qu'il seroit aisé de l'augmenter, si on recevoit sans choix et sans épreuve generalement tous ceux qui se presentent : mais comme on use avec raison de tres-grandes précautions pour ne pas exposer le Sacrement ; le bercail ne croît que par mesure ; et il faudroit connoître parfaitement le naturel des Sauvages, pour comprendre un peu combien chaque conquête coûte de peine et de patience pour ne laisser mourir ni enfant ni adulte sans Baptême, et pour assurer autant qu'on le peut la conversion de ceux qu'on baptise en pleine santé : c'est-là proprement la principale source de la sanctification des Missionaires, qui sans se rebuter de rien, éclairez qu'ils sont dans les voyes de Dieu, attendent de luy seul le succés de leur travail, et qui s'estimeroient heureux d'acheter à grands frais une seule ame par les instructions et les souffrances de toute leur vie.

Les Sauvages de tant de Nations si differentes, ayant par consequent des inclinations si opposées et des dispositions inégales à la foy ; et la grace se répandant aussi avec inégalité sur eux, selon le partage qu'il plaît au S. Esprit de faire de ses dons ; ce n'est pas merveille que la ferveur de ces divers peuples, quand ils sont Chrêtiens, soit inégale ; et qu'on y remarque divers degrez de pieté dans les diverses Missions.

On peut juger de toutes les Missions du Canada par celle de S. François Xavier du Sault, qui est établie à trois lieuës de Montréal, et à soixante de Quebec. Les fondemens en furent jettez il y a quelques années à la prairie de la Magdelaine, où les François ont une Eglise ; et les Sauvages qui la commencerent, ont vécu et sont morts en odeur de sainteté.

On parle encore aujourd'hui avec admiration d'une certaine Catherine Iroquoise, qui en a esté la premiere pierre fondamentale, et qui depuis son Baptême soûtint le caractere de Chrêtienne par une grande pureté de vie ; il semble qu'elle ait eu quelque présentiment de sa mort ; car étant en parfaite santé, pressée par inspiration particuliere de Dieu, elle vint a l'Eglise luy faire un sacrifice de ses brasselets et de ses colliers, et luy offrir sa vie même ; protestant qu'elle étoit prête de mourir, quand il plairoit à sa divine Majesté de l'appeller. Son offrande fut agreable ; elle tomba malade trois jours aprés ; et les huit jours que dura sa maladie, furent pour elle une espece d'extase continuel, qui tint ses yeux toûjours élevez au ciel jusqu'à ce qu'elle rendit l'esprit.

On ne conserve pas moins de respect pour deux autres Chrêtiennes appellées Marie Therese, et Marie Felicité, dont l'une étoit la mere et l'autre la fille. La premiere étoit d'une innocence Angelique, d'une fidelité constante à tous ses devoirs, d'une soif insatiable des mortifications corporelles, d'une égalité d'esprit inalterable, et d'une constance merveilleuse au milieu des contradictions domestiques. La seconde suivant en toutes choses les bons exemples de sa mere, aprés avoir épousé par pure obeïssance dés l'âge de quinze ans un mary qui l'abandonna deux fois ; elle ne diminua rien de sa fidelité et de son amour conjugal ; et labourant en son absence l'hyver et l'esté la terre pour entretenir sa famille, sans jamais se plaindre de ses disgraces ; elle fut un parfait modelle de chasteté, de patience, et de toutes sortes de vertus ; la moindre apparence de peché luy faisoit horreur, et Dieu récompensa dés cette vie la pureté de son ame par des consolations et des lumieres qui pouvoient passer pour des avant-goûts de l'autre. Un saint Religieux qui connoissoit ces deux grandes ames, les honoroit comme des saintes, et disoit qu'elles meritoient l'une et l'autre de communier tous les jours.

Le nombre des Sauvages convertis s'augmentant de jour en jour, il fallut quitter la prairie de la Magdelaine, pour aller s'établir au Sault ; c'est-là qu'on a vû dans la personne de Catherine Tegascoüita la premiere vierge Chrêtienne que la Nation Iroquoise ait donnée à l'Eglise de Jesus-Christ. Elle fut attirée à luy par le ministere d'un fameux Capitaine des Onnéïoüs qui avoit esté gagné luy-même d'une maniere surprenante ; et Dieu fait plusieurs prodiges au tombeau de cette merveilleuse fille.

Deux autres ont eu le bonheur et le courage de la suivre, en faisant vœu de virginité à son imitation. Ce sont deux Anges sur la terre, elles vivent comme si elles n'avoient point de corps, et elles employent tout leur temps en travail et en exercices de pieté. Une d'elles s'étant trouvée dans une occasion où deux Sauvages avoient entrepris de luy faire violence, elle prit un tison ardent, et les mit tous deux en fuite.

Les personnes engagées dans le Mariage ne sont pas moins à Dieu que les vierges : la vie commune de tous les Chrêtiens de cette Mission n'a rien de commun, et l'on prendroit leur village pour un veritable Monastere. Comme ils n'ont quitté les commoditez de leur païs que pour assurer leur salut auprés des François, on les voit tous portez à la pratique du plus parfait détachement, et ils gardent parmi eux un si bel ordre pour leur sanctification, qu'il seroit difficile d'y ajoûter quelque chose. Voici sans exaggeration ce qui se passe communément parmi eux tous les jours et toutes les semaines, tous les mois et tous les ans.

Tous les jours.

I. Tous, excepté les enfans, se levent de grand matin, et chaque famille fait sa priere dans sa cabane.

II. Ils vont ensuite vers les cinq heures, sans être appellez par la cloche, saluer le S. Sacrement à l'Eglise, à portes ouvrantes, et entendre la Messe, s'il s'en dit une ; cette loüable coûtume qui a commencé dés la naissance de la Mission, n'a point esté interrompuë jusqu'à present, non pas même dans les froids les plus cuisans.

III. Aprés avoir fait un tour à leur cabane pour se chauffer en hyver, ils retournent entendre la Messe, qu'on sonne regulierement au lever du soleil : les plus fervens ont soin d'y amener ceux qui le sont moins.

IV. A l'Introïte de la Messe, celui d'entre les hommes qu'ils appellent le Dogique, et qui fait l'Office de Chantre, entonne quelque Hymne ou quelque Prose en leur langue, selon les diverses saisons de l'année. Dans le temps Paschal, *O filii* ; vers la Pentecôte, *Veni Creator*; dans l'Avent, *Conditor alme siderum* ; et les femmes unissant leur voix à celle des hommes font une harmonie assez agreable.

V. Ce chant est suivi de la recitation de l'Oraison Dominicale, de la Salutation Angelique, du Symbole des Apôtres, et de quelques actes qui disposent à bien entendre le saint Sacrifice.

VI. A l'élévation on chante l'Hymne du S. Sacrement, et on fait tout haut des actes d'adoration.

VII. On finit en chantant les Litanies de la sainte Vierge, et quelques-uns demeurent encore par devotion pour dire leur chapelet.

VIII. Les grandes personnes ne sont pas plutôt sorties, que les enfans viennent prendre leur place, et les parens ont grand soin de les faire lever en diligence, et de les envoyer faire leur devoir. Pour lors on leur dit une seconde Messe, pendant laquelle ils chantent et prient comme à la premiere ; il arrive neanmoins quelquefois, qu'au lieu de chanter, on les fait tous répondre au Prêtre à haute voix, afin de leur apprendre sans peine à servir la Messe.

IX. On travaille tout le temps qu'on ne prie point : ce travail consiste principalement à cultiver les champs, ou à faire du bois de chauffage. L'assiduité qu'on y voit, est la victoire de la vertu Chrêtienne sur la paresse naturelle de ces Sauvages : comme ils s'y donnent par raison et par pieté, ils y ont presque toûjours la veuë de Dieu et le desir de luy plaire. On en voit qui sans le sçavoir y font une oraison quasi continuelle ; et qui à l'exemple de David et des enfans de la fournaise invitent les arbres, les herbes, et toutes les creatures qui frappent leurs yeux, à loüer et à benir le Seigneur, luy offrant toutes leurs pensées, renonçant aux mauvaises, retranchant les inutiles, et s'attachant aux meilleures.

X. Ce n'est pas toûjours par necessité et par interêt qu'ils travaillent, c'est souvent par pure charité, pour ceux que la pauvreté ou la maladie empêchent de le faire pour eux-mêmes ; alors tout le village se partage en trois bandes qui ont chacune leur chef, et qui distribuent entr'elles les champs des pauvres et des malades pour les façonner, sans autre recompense que le merite d'une occupation si charitable ; on tâche même de ne rien diminuer de ce merite, par aucun des défauts qui pourroient se glisser dans l'action. Le chef de la bande a l'autorité de reprendre ceux qui par legereté s'échapperoient à dire quelque parole contre le prochain, ou qui par lâcheté n'employeroient pas bien ni leurs forces ni leur temps ; c'est luy qui tient tout son monde en haleine durant tout le jour, et qui veille avec un soin particulier à faire dire l'*Angelus* à midi.

XI. Il y en a qui frappez du souvenir de leurs pechez, aprés avoir défriché et ensemencé de grands espaces de terre, les donnent à d'autres, pour se tenir toûjours dans l'obligation de travailler par esprit de penitence, et quelquefois joignant à cette vertu un zele heroïque, ils choisissent pour donner les fruits, et même la proprieté de leurs champs, ou en tout, ou en partie, ceux de leurs compatriotes qui n'étans pas encore convertis, et qui étant prêts de retourner en leur païs, où apparemment ils ne se convertiroient jamais, peuvent être arrêtez par la grace qu'on leur fait, et disposez par là à embrasser enfin le Christianisme.

XII. Si quelques-uns durant le jour sont obligez de repasser par le village, pour aller d'un champ à un autre, ou pour quelqu'autre raison, on en remarque qui ne manquent jamais à prendre le chemin de l'Eglise, où ils font une devote et courte priere.

XIII. L'ouvrage ne finit qu'à soleil couché ; pendant que les travailleurs en reviennent avec ceux de leurs enfans qu'ils ont menez au travail pour les y accoûtumer, et pour observer leur conduite ; les autres enfans qui sont demeurez dans le lieu, vont à l'Eglise prier comme le matin ; et afin que nul d'entr'eux ne s'absente, un Sauvage zelé a le soin de faire la visite des cabanes : les grandes personnes leur succedent au son de la cloche ; quelques las qu'ils soient, on ne leur voit jamais prendre des postures méseantes et commodes, non pas même dans les plus ardentes chaleurs ; ils sont toujours à genoux durant la priere, et il y en a même qui demeurent encore aprés les autres pour reciter leur chapelet, s'ils ne l'ont pas dit le matin, ou pour faire quelques réflexions sur eux-mêmes.

XIV. La priere publique qui se fait ainsi au retour des champs, n'empêche pas la priere particuliere qui se fait dans les cabanes avant le coucher. Le chef de la cabane, ou le plus âgé des enfans, ou celuy qui sçait le mieux la methode de prier, préside à cette sainte action, et personne n'a la liberté de se coucher pour dormir, qu'elle ne soit entierement achevée.

Toutes les semaines.

I. Les Dimanches on ajoûte plusieurs choses aux pratiques de tous les jours ; on y chante une Messe de Paroisse qui commence par l'eau benite, et dont personne ne se dispense, à la reserve des enfans pour lesquels on dit ensuite Messe basse, que deux d'entr'eux servent en robe rouge et en surplis. Il y a toûjours une exhortation en forme de Prône à la grande Messe aprés l'Evangile, et on entonne à la fin la priere pour le Roy ; ce qui s'observe aussi à la Messe des enfans.

II. Aprés midi les Confreres de la sainte Famille s'assemblent, et on leur fait une instruction particuliere, qui est suivie du Catechisme des enfans, aprés lequel il s'en fait un autre pour les grandes personnes, qui en sont averties par la cloche : celui-ci se fait en differentes manieres, quelquefois le Catechiste y parle tout seul ; d'autres fois les Sauvages y proposent leurs difficultez dont on leur donne la resolution, et de temps en temps ils s'y interrogent et se répondent les uns aux autres, ayant trouvé par experience que cette derniere maniere, dont leur simplicité les rend capables, les attache et les instruit mieux que les deux autres.

III. Les Vêpres et le Salut remplissent le reste de l'apresdînée. Il y a tous les Jeudis un Salut du S. Sacrement, qui fait quitter le travail à tout le monde ; c'est un vrai plaisir ce jour-là et les veilles de Fêtes, de voir avec quelle ferveur ceux qui sont chargez de ballier l'Eglise, s'acquitent de ce devoir.

IV. Outre cela chacun selon sa devotion particuliere fait des aumônes ou des pratiques extraordinaires ; les uns le Lundi pour les ames du Purgatoire, les autres le Mercredi, le Vendredi ou le Samedi pour diverses intentions ; et ce qu'ils ont une fois entrepris avec conseil, ils le continuent avec fidelité.

V. S'il arrive quelquefois en été que le Missionaire soit détourné par des affaires imprévûës de faire dans l'Eglise les exercices ordinaires de l'aprés-midi, les Sauvages s'assemblent aux portes des cabanes ; et quelques-uns d'entr'eux font aux autres des entretiens de pieté, pour instruire les uns, pour préparer les autres au Baptême, et pour les édifier tous.

Tous les mois.

Les moins devots se confessent tous les mois ; la pluspart au moins de quinze jours en quinze jours ; les enfans mêmes s'accoûtument à cette pratique, sans qu'on les en presse ; et ils se conservent par là dans une grande innocence, que plusieurs portent jusqu'au tombeau. On voit des hommes, lors qu'ils sont allez à la chasse ou à la pesche, revenir exprés de bien loin pour décharger leur conscience, quand il leur est arrivé de tomber dans quelque faute considerable, et Dieu touche souvent les plus endurcis par les bons exemples des autres, et par des châtimens extraordinaires qu'il leur envoye.

Tous les ans.

I. Quelques celebres que soient les Fêtes annuelles en France, elles le sont encore sans comparaison davantage en Canada : quatre ou cinq jours avant qu'elles arrivent on confesse les enfans, afin d'être libre pour les plus âgez, qui demandent plus de temps pour mieux faire leur Confession et leur Communion.

II. Ces jours-là on expose le S. Sacrement, au moins pendant toutes les Messes, et quelquefois jusqu'au Salut : pour lors il y en a un qui prend soin d'y envoyer deux personnes de demie heure en demie heure, et ceux qui sont choisis s'estiment heureux de ce choix, et se rendent ponctuellement au temps qui leur est marqué.

III. Ils desirent aussi qu'on les avertisse quelques jours avant les Fêtes principales de Nôtre Seigneur, de la sainte Vierge et de quelques Saints, sur tout de ceux de la Compagnie de Jesus, ausquels ils rendent un culte particulier, par reconnoissance des biens qu'ils reçoivent tous les jours par les Peres de cette sainte Compagnie. Ces avertissemens leur servent à se préparer à ces grands jours par un redoublement d'œuvres de charité et de prieres plus ferventes.

IV. L'hyver en battant leur bled et leurs féves, ils y trouvent la part des pauvres et celle de Dieu ; ils distribuent l'une dans leurs cabanes, et ils portent l'autre au pied de l'Autel.

V. Le printemps, qui est la saison de la semence, ils apportent leur grain à l'Eglise pour le faire benir avant que de le semer ; et lorsque ce grain est jetté en terre, ils prient le Missionaire de venir benir le champ.

VI. L'été et l'automne ils viennent avec une humilité égale à leur foi, offrir à Dieu les prémices de leurs fruits et de leurs moissons, et les poser sur l'Autel en cachette, dans les temps où ils esperent qu'ils ne seront vûs de personne. On voit de jeunes enfans, qui tenans des fruits nouveaux à la main, prêts à les manger, sacrifient de leur propre mouvement leur petit plaisir, pour imiter leurs parens ; et l'on ne peut voir ces coups d'essay de l'enfance, sans en être tout attendri.

VII. On n'y voit presque jamais personne triste, ils conservent toûjours une merveilleuse égalité d'esprit dans leurs afflictions domestiques et dans les calamitez communes ; ceux qui étoient autresfois les plus à leur aise dans leur païs ne veulent pas qu'on les plaigne, quand on les voit à present dans la disette ; ils se rient agreablement de la compassion qu'on leur temoigne ; Quoy, disent-ils à ceux qui entreprennent de les consoler, vous vous affligez de nôtre état, et nous n'en sommes pas touchez nous-mêmes ; non, nous ne sommes pas venus ici pour être dans l'abondance, mais pour y professer librement le Christianisme ; tant que nous aurons ce bien, il nous dédommagera luy seul de la privation de tous les autres, et quelque misere que nous paroissions avoir d'ailleurs, nous serons toûjours vraiment heureux.

On sçait combien ils sont touchez naturellement de la mort de leurs enfans ; on les a vûs néanmoins les perdre presque tous en peu de temps par une mortalité generale, et en témoigner de la joye : on leur entendoit dire pour lors, ils sont bienheureux, ils ne sont plus exposez comme nous à perdre la foy. Le peril de cette perte les effraye incomparablement plus que tous les autres ensemble ; ils comptent les maladies pour rien, ils ne demandent point de guerir, mais plutôt de souffrir et de mourir, pourvû qu'ils conservent la grace.

Il mourut parmi eux il y a quelques années un homme de quarante-huit ans, dont le grand regret à la mort, étoit de n'avoir pas assez souffert pendant sa vie, pour expier les lâchetez et les tiédeurs qu'il croyoit devoir se reprocher. Il en est mort un autre en **1686.** dans la trentiéme année de son âge, attaqué au visage d'un cancer, qui faisoit horreur à tout le monde : tandis qu'il s'appercevoit que sa difformité et sa mauvaise odeur le rendoient insupportable aux autres, il se souffroit luy-même avec une patience et une gayeté surprenante : il pria le Pere qui avoit soin de luy, de demander instamment à Dieu, qu'il luy prolongeât la vie, pour prolonger son humiliation et sa souffrance : ma joye, disoit-il, sera parfaite, quand tout mon corps sera rongé, et qu'il tombera par morceaux ; vous autres robes noires (c'est ainsi qu'ils appellent les Missionaires) qui avez du crédit auprés de Dieu, employez-le tout entier pour m'obtenir au moins trois ans de maladie, par l'intercession de saint Joseph mon Patron : que je seray obligé à ce grand Saint, s'il me ménage cette faveur auprés de la divine bonté, et qu'elles actions de graces ne luy rendray-je point dans le ciel, quand mon Juge m'aura fait misericorde ? Nôtre Seigneur luy laissa le merite de son désir, sans luy en accorder l'accomplissement ; il ne souffrit que durant huit mois ; et sa femme qui n'avoit que vingt-deux ans, le servit en cet état jusqu'à la mort avec une constance, qui n'étoit pas moins admirable que celle de son mari.

Vers la fin de la même année la Mission perdit un des plus braves hommes qui fussent parmi les Agniez. Comme sa femme étoit fort infirme, il luy repetoit souvent avec une grande foy ; Que tu es heureuse, et que je te porte envie de vivre dans une langueur presque continuelle ; je crains bien pour moy que la forte santé dont je joüis, ne me retienne long-temps en Purgatoire : il n'avoit jamais esté malade, et la maladie qui l'emporta ne dura que dix jours, mais dans ce peu de temps, il souffrit des douleurs si violentes et si continuelles, qu'à peine pouvoit-il respirer quelques momens : dans le fort de son mal, i disoit et redisoit sans cesse ; O mon Dieu, vous me traittez en ami ! c'est maintenant qu'il paroît que vous m'aimez, puisque vous m'avez enfin accordé ce que j'ay désiré tant de fois : je souffriray tant qu'il vous plaira, et je mourray bien volontiers, afin que la mort finisse en moy le peché, et commence l'exercice d'un amour qui ne finira jamais. Il receut tous ses Sacremens avec une extrême consolation ; il pria par humilité, que sans mettre son corps dans une bierre on le jettât dans la fosse ; et aprés avoir tendrement recommandé à sa femme et à sa belle-sœur, de s'entr'aimer toûjours comme sœurs et comme Chrêtiennes, il expira dans une profonde paix, en prononçant les sacrez noms de Jesus et de Marie. Sa veuve est une vertueuse femme agée de vingt-neuf ans, qui depuis sept années travaille sans relâche à sa perfection, et qui une heure aprés les funerailles de son mari se coupa les cheveux, non pas pour marquer plus sensiblement son affliction, mais pour se dévoüer désormais plus parfaitement à Dieu, en renonçant tout à fait au monde, et en gardant la continence.

On ne peut douter que tous ces exemples ne montrent évidemment combien ces bons Sauvages estiment la croix : tous à la verité ne s'élevent pas jusques à un degré si heroïque d'amour pour les souffrances dans leurs maux ; mais ils y sont communément fort résignez et fort tranquiles ; languissans qu'ils sont pour lors sur leurs nattes, comme des Jobs sur un fumier ; si on leur promet une Communion, ils reprennent des forces pour se traîner à l'Eglise, et on les voit mourir ensuite pour la pluspart en prédestinez. Recompense sensible que Dieu leur accorde sans doute, en consideration de la fermeté avec laquelle ils ont tenu bon plusieurs fois contre les attaques de certains Heretiques qui les ont voulu détacher de la religion Catholique, et en vûë du zele qui les a souvent portez à entreprendre des voyages dans leur païs, pour en attirer la jeunesse au Christianisme.

En effet il y en a qui aprés avoir esté en hyver commencer leur chasse par les bêtes dans les forêts, pour se mettre en état de vivre et de payer leurs dettes, vont la terminer par les hommes dans des cabanes Iroquoises pour gagner à Dieu des ames : ils portent là des images de la vie de Nôtre Seigneur et quelques autres, qu'ils expliquent adroitement à ceux qui paroissent mieux disposez à les écouter, et ils gagnent presque toûjours quelques jeunes guerriers, qui sont ordinairement plus favorables aux Chrêtiens que les vieillards. Comme ils sont touchez eux-mêmes les premiers de ces images et des petits livres qui en donnent l'explication, ils portent ces livres avec eux dans les bois, ils se les font lire quand ils en ont le loisir et l'occasion, et s'animent ainsi à exercer sur leur propre ame le zele qu'ils desirent étendre sur celles qui sont encore dans les tenebres.

Leurs Capitaines n'omettent rien pour entretenir en eux ces genereux sentimens ; ils autorisent le bien, ils punissent le mal, et ils reprennent hardiment en public les jeunes gens qui se licentient. Si quelqu'un par malheur s'enyvre, pour peu qu'il luy reste encore de connoissance, il n'ose paroître en cet état. Il en parut un il y a quelque temps qui étoit tombé en cet excés, les Capitaines et les anciens le firent arrêter sur le champ, et lors qu'il fut revenu à luy, ils le chasserent honteusement du village, avec défense d'y revenir. Ils étendent même ce desir d'empêcher le mal, jusqu'à Montréal, dans le temps que les Outaoüaks y viennent chaque année pour le commerce. On nomme dans la Mission du Sault quelques-uns des plus fervens Chrêtiens, pour aller soûtenir ces passagers, contre les occasions qu'ils ont de se laisser aller avec excés à la boisson ; et ces zelez surveillans mélant la fermeté à la douceur, s'acquittent avec succés de l'importante commission dont ils ont esté chargez par les Capitaines.

Ceux-ci pour ne rien négliger des devoirs de la charité, pourvoyent autant qu'ils le peuvent, à tous les besoins corporels et spirituels de leurs inferieurs, ils visitent les malades, ils encouragent les foibles, ils soûtiennent les forts, ils sont les premiers à porter sur leurs épaules du bois aux pauvres, à faire leurs cabanes de leurs propres mains, et à travailler pour eux dans les champs. Au reste dans toutes les assemblées qu'ils tiennent pour leurs conseils, ils ne manquent point d'ouvrir le discours par quelques paroles de pieté, afin d'attirer la benediction de Dieu sur leurs desseins et leurs entreprises : et ils sont si fort les ennemis déclarez non seulement des grands desordres, mais même de la lâcheté dans la vertu ; que ceux de leurs gens qui vivent en demi-Chrêtiens, ne peuvent demeurer long-temps dans une habitation si sainte ; d'où il arrive quelquefois que prenant le parti de renoncer à la foy ; ils se separent malheureusement de leurs freres, et vont chercher dans leur païs, comme on l'a vû à l'égard de quelques-uns avec douleur, des châtimens temporels, qui sont les tristes préludes des punitions éternelles.

Avant qu'ils eussent embrassé la foy, c'étoit leur usage d'enterrer leurs morts avec leurs plus beaux habits, et tout ce qu'ils laissoient de plus précieux ; parce que leur aveuglement leur persuadoit qu'il falloit faire passer les morts en l'autre monde avec les mêmes marques de richesse et de distinction, qu'ils avoient eues en celui-ci, pour ne pas les exposer à être confondus et méprisez avec les autres miserables. Mais à present qu'ils ont receu la lumiere de l'Evangile, et qu'ils ont appris à estimer la pauvreté et l'humilité de Jesus-Christ, plus que toute l'opulence et toutes les grandeurs du monde, ils se font un vray plaisir d'ensevelir les corps aprés leur mort, dans ce qu'il y a de plus vil et de plus pauvre dans leurs cabanes, donnant le meilleur par aumône à ceux qui en ont besoin, afin de les exciter à prier Dieu pour le repos des ames. La sepulture se fait comme en France, on y observe toutes les ceremonies de l'Eglise ; les amis et les parens s'y trouvent, et ensuite étant assemblez dans quelque cabane, le plus ancien, ou le Dogique, c'est à dire le Maître de la priere et du chant, fait un petit discours, qui à la verité n'est pas fort étudié, ni fort poli, mais qui est pour l'ordinaire touchant, patétique, et capable par sa simplicité de faire rentrer tous les assistans en eux-mêmes.

Dieu, qui se plaît à éprouver ses plus fidelles serviteurs par les endroits les plus sensibles, affligea ceux-ci par le renversement subit de leur Chapelle, au mois d'Aoust de l'année 1683. Ce petit édifice de soixante pieds de long, l'un des plus jolis qui fût autour de Montréal, fut abbatu en un moment par le plus furieux coup de vent qu'on eût vû jusques alors en Canada : mais celuy dont la Providence avoit ordonné cet évenement, sembla ne l'avoir permis que pour faire éclater la vertu de ces bons Chrêtiens, et sa protection sur leurs Missionaires. De trois Peres Jesuites qui étoient ensemble dans ce lieu Saint, lors qu'il tomba, et qui devoient être écrasez tous par sa chûte, il y en eut deux qui en furent quittes pour une épaule démise, et pour une legere contusion ; et le troisiéme ne receut pas le moindre mal, quoy que les deux petites cloches tombassent à ses pieds ; les habitans accoururent aussi-tôt, et autant qu'ils eurent de joye de la conservation comme miraculeuse de leurs

Pasteurs, autant ressentirent-ils de douleur de l'état où ils trouverent la maison de Dieu. Jamais les Israëlites ne pleurerent plus amerement sur les ruines de leur Temple, que ces bons Sauvages sur le débris de leur Eglise: C'est nous, disoient-ils, avec des sentimens les plus humbles d'une vive componction, c'est nous qui avons attiré par nos pechez la colere de Jesus sur nos têtes : nous profanions sa sainte Maison, c'est avec justice qu'il l'a détruite ; heureux si aprés ce terrible avertissement nous cessons enfin de l'offenser. Le plus ancien et le plus fervent de leurs Capitaines, qui venoit d'achever une cabane d'écorces pour se loger, l'offrit sur le champ à tout le village, pour servir de Chapelle, en attendant qu'on pût en rebâtir une : son offre fut agreablement receuë, et il regarda comme un bonheur incomparable, d'avoir esté choisi pour recevoir chez luy la Personne adorable de Jesus-Christ, dans le tres-saint Sacrement de nos Autels.

Outre l'édification qu'ils donnent tous aux François dans cette habitation, ils leur sont encore d'une grande utilité pour conserver la paix dans la Colonie : l'affection qui les y retient, à cause de la liberté qu'ils ont d'y servir Dieu, leur sert aussi de lien pour les attacher en même-temps à nos intérêts. C'est par leur consideration que les Iroquois poussez à nous faire la guerre, ont suspendu long-temps l'execution de leur dessein. On sçait que les Agniez qui ont grand nombre de parens au Sault, avoient déclaré hautement qu'ils ne pouvoient consentir à cette guerre, sans tirer auparavant leurs enfans et leurs neveux du païs des François ; et c'est ce qu'ils n'ont pû faire jusqu'à present, parce que nos chers Sauvages Chrêtiens n'ont pû se resoudre à hazarder leur salut en nous quittant : ils ont porté même bien plus loin leur zele et leur amitié ; car du temps que Mr de la Barre étoit Gouverneur du Canada, ils luy offrirent cent cinquante de leurs meilleurs hommes pour marcher quand il luy plairoit, avec les troupes Françoises, contre leur propre Nation, si elle rompoit la paix avec la France. On a vû l'année derniere 1687. que cette proposition n'étoit pas une pure honnêteté, ni un compliment fait en l'air ; ils se sont joints au corps d'armée de M[r] le Marquis de Denonville, pour aller attaquer leurs compatriotes jusques dans le cœur de leur païs, et ils ont donné par leur conduite un témoignage certain de la fidelité et de l'attachement qu'ils ont pour leur Religion et pour leurs alliez.

Je fus les visiter pour la premiere fois le vingt et uniéme de Septembre de l'année 1685. jour auquel tombe la Fête de l'Apôtre et Evangeliste S. Matthieu. Quoi qu'ils fussent pour lors peu de monde, à cause du départ de la jeunesse, qui étoit allée à la chasse de l'automne ; la pieté que je vis dans ceux qui étoient restez, surpassa de beaucoup l'idée que j'en avois conceuë par les rapports qu'on m'en avoit faits : je fis avancer le Salut pour avoir la consolation de leur donner moy-même la benediction du S. Sacrement, comme je l'ay pratiqué ailleurs dans la visite des Missions ; et avant que de les quitter, les Capitaines qui n'étoient pas encore partis pour la chasse, m'ayant prié d'entrer dans une cabane, le premier d'entr'eux qui étoit le plus ancien Chrêtien, me harangua sur le champ et me dit, que leur joye auroit esté parfaite, si je fusse venu dans un temps où on eût pû me rendre les honneurs qu'il sembloit que j'avois voulu fuir par humilité ; que le Roy leur avoit fait un grand present en leur envoyant de si loin par une bonté particuliere un si bon Prélat et un si puissant appuy, et qu'ils me seroient éternellement obligez, si par mes soins je leur obtenois de sa Majesté un redoublement de protection, pour lever parmi eux tous les obstacles qui pouvoient les empêcher d'être de parfaits Chrêtiens.

Je leur répondis que j'avois pour eux de vrais sentimens d'estime et de tendresse, et que je serois toûjours prêt à les servir en toutes choses : mais principalement en ce qui regarderoit l'avancement de la Religion ; et je les assuray qu'ils ne pouvoient faire un plus grand plaisir au Roy, que de compter sur sa pieté Royale et sur son autorité souveraine pour affermir la foy parmi eux, et pour y maintenir le bon ordre.

Je leur rendis une seconde visite trois semaines aprés, avec Mr le Gouverneur de Canada, qui pour éviter la ceremonie, voulut les surprendre : mais ce sage et vertueux Gouverneur y étant retourné le jour de saint Pierre de l'année 1686. il y fut receu comme sa dignité le demandoit.

Mr le Chevalier de Callieres Gouverneur de Montréal, donna ordre que tous les soldats François qui étoient à la prairie de la Magdelaine fussent au devant de luy sous les armes. Les Sauvages du Sault y furent aussi avec leurs Capitaines à la tête : dés qu'il fut sorti de son canot, on fit une décharge generale du canon et de la mousqueterie, et on entendoit dire tout bas aux Sauvages, pour marquer le cas qu'ils faisoient de sa personne ; O c'est un homme que ce Gouverneur, nous avons en luy un excellent Maître. Toute cette soldatesque le conduisit d'abord à l'Eglise, et ensuite dans une cabane que les Sauvages avoient parée à leur maniere, de feüillage et de couvertures de ratine, il y trouva tout le monde placé qui l'attendoit, et il dit par la bouche d'un Missionaire

Jesuite, qui luy servoit d'interprete, à peu prés les paroles qui suivent, qu'on a recüeillies le mieux qu'on a pû.

Il y a long-temps, mes enfans, que je souhaitois faire ce que je fais aujourd'hui, et venir dans vôtre fort me réjoüir avec vous du bonheur que vous avez d'être de parfaits Chrêtiens : j'avois oüi dire dés la France que vous aviez fait des progrés considerables dans la plus solide et la plus haute pieté ; que de vivre dans l'innocence et dans les bonnes œuvres, de passer plusieurs heures devant le S. Sacrement en prieres, d'entendre deux et trois Messes de suite les jours ouvriers, de vous dépoüiller vous-mêmes pour revêtir les pauvres, de vous ôter pour ainsi dire le morceau de la bouche pour le leur donner, de frequenter les Sacremens avec ferveur, et d'exercer sans cesse les actions les plus heroïques de la mortification et de la charité, ne passoit parmi vous que pour la vie commune et ordinaire d'un Chrêtien : je suis ravi presentement de voir de mes propres yeux que tout ce qu'on m'a dit de vous est au dessous de ce qui en est ; vous ne pouvez trop estimer et reconnoître la grace que Dieu vous a faite, et j'employeray tres-volontiers tout ce qui dépendra de moy, pour vous faire trouver ici le repos et la liberté que vôtre zele pour la foy vous a fait chercher parmi nous.

Au reste quand on est fidelle à Dieu, on l'est necessairement à son Prince ; c'est ce qui vous distingue avec éclat des autres Sauvages qui sont encore infidelles : on m'a informé de ce que vous avez déjà fait pour témoigner vôtre fidelité envers la France, et je ne puis vous en donner assez de loüange ; le grand Roy, de la part de qui je vous parle en a paru satisfait, et il m'envoye en ce païs pour vous servir de Pere et de Protecteur : je suis resolu de remplir ces deux qualitez au peril même de ma vie, assurez-vous, mes chers enfans, que j'auray pour vous une tendresse et une sollicitude paternelle, tant que vous aurez pour moy une affection et une obeïssance filiale.

Vous n'ignorez pas les mauvais desseins du Sonnontoüan, auriez-vous oublié avec quelle insolence il parla il y a deux ans, et quels actes d'hostilité il a faits depuis ? C'est un traître, dont il faut se défier ; mettez vôtre fort en état de le recevoir sans rien craindre, je vous envoyeray de bons pierriers pour défendre vos quatre bastions, et pour repousser ce cruel ennemi, s'il ose venir vous attaquer.

La conduite des Iroquois n'a esté jusqu'à present que surprise et que perfidie ; tenez-vous donc sur vos gardes, envoyez à la découverte de tous côtez, donnez-moy avis de tout ce que vous pourrez apprendre, je me repose sur vôtre vigilance et sur vôtre sincerité, et je vous regarde comme les gardiens et les défenseurs de la Colonie Françoise.

Dés qu'il eut fini, les Capitaines charmez de la maniere obligeante dont il venoit de leur parler, luy en rendirent de tres-humbles actions de graces, luy promirent d'executer ponctuellement tous ses ordres, et luy firent de nouvelles protestations d'une fidelité inviolable : aprés quoi Mr le Gouverneur rentra dans l'Eglise où l'on donna la benediction du S. Sacrement à toute l'assemblée, comme pour mettre le sceau à ce qu'on venoit de faire, et on le reconduisit à son canot avec les mêmes ceremonies qu'on avoit observées à son entrée.

Au reste tout ce que j'ay dit de la maniere de vivre des Sauvages convertis dans cette Mission, n'est point une description faite à plaisir, c'est un recit sincere de son veritable état : les François de la Prairie, qui comme on l'a déja dit, en sont tout proches, sont si charmez de ce qu'ils y voyent, qu'ils y viennent quelquefois joindre leurs prieres à celles de ces bons Chrêtiens, et ranimer leur devotion à la vûë de la ferveur qu'ils admirent dans des gens qui étoient autrefois barbares.

La Mission de Lorette n'est pas moins fervente que celle de S. Xavier du Sault : elle s'appelle ainsi, parce que la Chapelle est bâtie de brique, sur le modelle de celle qui est à Lorette en Italie. Les Hurons et les Iroquois qui se sont joints à eux en cet endroit, ont une devotion si tendre envers la sainte Vierge, qu'ils veulent tous mourir auprés de sa sainte maison, et quelque invitation qu'on ait fait souvent à plusieurs d'aller s'établir ailleurs, on n'a jamais pû les y resoudre. Les François qui viennent de fort loin et en grand nombre en ce lieu de pelerinage, et pour y faire leurs devotions, et pour y demander à Dieu des graces spirituelles et corporelles par l'intercession de Nôtre-Dame, ont tant de confiance en la sainteté des Sauvages, qu'ils les chargent de faire pour eux des neuvaines, et ils ont l'experience que Dieu les exauce volontiers. La Chapelle est quasi toûjours remplie de ces bons Chrêtiens ; et quand ils sont retournez dans leurs cabanes, ils y sont presque comme dans des Eglises ; ils y parlent de Dieu, ils y chantent des Cantiques, ils y recitent leur Chapelet ou d'autres prieres, et ils s'entr'animent les uns les autres à l'exercice de toutes sortes de bonnes œuvres. La charité est parmi eux en un souverain degré ; comme ils préviennent les besoins des pauvres, on ne voit personne qui mendie ; et c'est à present une de leurs pratiques les plus ordinaires de satisfaire à Dieu pour leurs pechez, en rendant quelques services penibles à ceux qui sont dans l'indigence, ou à ceux qu'ils croyent avoir offensez. Ils vont leur chercher du bois et le leur apportent sur leur dos; ils les aident à semer ou à recüeillir leurs grains ; et ils leurs distribuent leurs propres provisions, jusqu'à s'exposer eux-mêmes à manquer de toutes choses.

Le zele qu'ils ont pour le salut des ames est incroyable, on a veu des femmes entreprendre de longs voyages pour aller annoncer Jesus-Christ en leur païs, et en ramener avec elles un bon nombre de leurs parens qu'elles avoient gagnez par leurs devotes et puissantes exhortations. Ces mêmes femmes ont eu le courage en passant par la Nouvelle Hollande, d'essuyer les railleries des Heretiques, et de les citer au jugement de Dieu, pour connoître un jour la verité de la Religion Chrêtienne.

Sillery est le dernier établissement qu'on ait fait pour les Sauvages convertis, et il n'est éloigné de Quebec que d'une lieuë et demie, c'est proprement le païs des Algonquins qui faisoient autresfois une tres-florissante Mission : mais s'étans rendus indignes des graces qu'ils avoient receuës, Dieu a substitué depuis peu d'années les Abnakis en leur place. Ces peuples sont limitrophes de l'Acadie et de la Nouvelle Angleterre, sur le bord de la mer, à soixante lieuës de Quebec ; les fâcheuses affaires qu'ils avoient euës avec les Anglois, les obligerent à se refugier auprés des François ; on les receut volontiers à Sillery, où ils furent adoptez par les Algonquins qui restoient en petit nombre ; les uns étant morts par l'excés de la boisson, et les autres s'étans retirez dans les bois, où ils vivent dans un désordre pitoyable. Les premiers Abnakis qui receurent le Baptême furent si touchez des veritez de la foy, que ne pouvant souffrir que leurs parens qui demeuroient infidelles fussent separez d'eux durant toute l'éternité, ils se resolurent d'aller sans délay travailler à leur conversion. Plusieurs retournerent exprés en Acadie, et ils revinrent les uns avec leurs peres et leurs meres, les autres avec leurs freres et leurs sœurs, les autres enfin avec leurs parens et leurs amis, et ils prirent tant de soin de les instruire en chemin, qu'à leur retour le Missionaire les trouva presque entierement disposez à recevoir le Baptême : leur ferveur croît de jour en jour avec leur nombre ; un d'entre eux pour soulager le Missionaire qui ne pouvoit suffire à tout, s'est chargé de l'instruction des jeunes garçons, et une vertueuse femme a pris le même soin des filles. Il y en a plusieurs que le zele unit pour empêcher les débauches de leurs compatriotes, qu'ils accompagnent à ce dessein par tout où ils vont, afin de les soûtenir dans les occasions où ils succomberoient à la tentation de boire avec excés s'ils étoient seuls.

Outre les prieres du Soir et du Matin qu'on fait en commun dans l'Eglise, et qui durent environ demie-heure, ils entendent volontiers une et deux Messes ; il n'y a gueres d'heures dans la journée, où quelques-uns ne soient devant le saint Sacrement pendant un temps considerable ; et quand on les voit prier, ils paroissent si enflâmez et si immobiles, qu'il seroit difficile de paroître dans ce saint exercice avec un air plus profondément appliqué, plus doucement recüeilli, et plus sensiblement touché ; leur chant même a je ne sçay quoy de plus devot et de plus tendre que celuy de tous les autres Sauvages, et il est aisé de voir par tous les dehors de leurs exercices spirituels que Dieu a pris une entiere possession du fonds de leurs cœurs.

Dans le dernier Jubilé ils firent des aumônes avec tant de profusion eu égard à leurs facultez, que le Missionaire fut obligé d'en moderer l'excés ; à cela ils joignent une humilité sincere, un amour extraordinaire pour les croix et les souffrances, une patience à l'épreuve dans les maladies, un grand support des defauts et des mauvaises humeurs du prochain, et sur tout un genereux oubli des injures, et des mauvais traitemens qu'on leur peut faire ; c'est particulierement en cela qu'ils mettent leur vertu ; et non contens de se santifier eux-mêmes, ils brûlent d'un saint désir de contribuer au salut des autres ; et s'il arrive qu'en voulant les retirer du désordre, ils s'attirent des reproches et des coups, bien loin de se fâcher, ils s'estiment vraiment heureux d'avoir occasion de sacrifier à Dieu leurs propres ressentimens pour sauver l'ame de leurs freres. Un d'entr'eux ayant voulu empêcher un autre de boire excessivement receut pour récompense de sa charité un furieux coup de bâton sur la tête. Ce coup ne le surprit, ni ne l'émut ; il souffrit sans dire un seul mot ; et racontant le fait au Missionaire, il luy dit ; je te promets que puisque Jesus desire que je pardonne, je le feray de tout mon cœur, et je ne témoigneray jamais à celuy qui m'a frappé, le moindre ressentiment.

Les Missions des Outaoüaks ne donnent pas moins de consolation que les précedentes, on ne sçauroit croire combien ceux de cette nation sont tendres pour nos Mysteres. Ils aiment qu'on les leur represente d'une maniere sensible ; sur tout ils prennent grand plaisir de voir à la Fête de Noël quelque representation de la naissance de Jesus Christ. On les a veus venir en foule luy rendre leurs hommages dans une Chapelle de François qui avoient eu soin d'y exposer une Créche. Les Hurons ayant dans la leur une image en cire de Jesus enfant la porterent en procession, avec toute la pompe qu'ils purent dans celle des Kiskakons, au commencement des Fêtes, et ceux-ci pour ne pas se laisser vaincre reporterent huit jours aprés avec plusieurs étendarts et chants d'allegresses cette même image dans le lieu d'où on la leur avoit apportée, et le chef de la Nation finit toute la ceremonie par une espece de harangue en l'honneur du Fils de Dieu, à laquelle les Hurons répondirent par divers Cantiques en leur langue, en Algonkin, et en François.

Ce n'est pas que parmi eux il n'y ait encore des Infidelles qui honorent la lune et le soleil, mais ils ne le font qu'en cachette, et on espere que bien-tost ils ne le feront plus du tout ; car ils ont déja tant de respect pour nôtre sainte Religion, pour ceux qui la leur annoncent, et pour les lieux saints, qu'étant arrivé à un homme du village de jetter une pierre dans les fenêtres de l'Eglise ; les anciens aprés avoir tenu conseil enjoignirent à la jeunesse de respecter desormais la maison du Seigneur, et les personnes qui venoient de sa part leur donner de l'esprit (c'est à dire leur ouvrir les yeux sur les veritez éternelles) et ils furent eux-mêmes à l'Eglise faire réparation de cette injure.

Dans une course de plus de deux cens lieuës que fit un Missionaire il y a quelques années sur le Lac Huron, pour reconnoître l'état où étoient plusieurs petites Nations qui sont sur les côtes de ce Lac, et pour les confirmer dans la Foy, il les trouva faisant la Fête de leurs morts à leur maniere sauvage, sans y mêler neanmoins nulle de leurs anciennes superstitions, il vit avec consolation qu'ils addressoient leurs Cantiques à Dieu, et non pas au soleil, comme ils le pratiquoient autrefois, lors que passant d'un lieu à un autre, ils portoient avec eux les os de tous leurs parens décedez pour les enterrer ensemble. Ils estoient donc occupez à cette ceremonie, quand le Missionaire arriva : dés qu'ils le virent, ils furent ravis, et dressant aussi-tôt une Chapelle d'écorces, ils luy dirent qu'il étoit vray que l'eau de vie les avoit presque perdus en leur faisant entierement oublier les instructions qu'ils avoient receuës, mais qu'ayant ensuite horreur de leur desordre, Dieu leur avoit fait la grace de renvoyer jusqu'à deux fois deux canots de cette boisson enyvrante qu'on leur apportoit, et ils ajoûterent que plusieurs d'entre eux pour éviter l'occasion de l'yvrognerie avoient eu le courage de quitter leur propre païs : il est aisé de juger combien ce Pere fut consolé de les voir dans de si bonnes dispositions, il les instruisit de nouveau, et aprés leur avoir administré les sacremens en ce lieu-là, il fut rendre de pareils services à quelques autres ailleurs où les chefs à la tête de la jeunesse, qu'ils animoient par leurs paroles et par leur exemple, le receurent avec de grandes démonstrations de reconnoissance.

Un autre aprés avoir baptisé en un an cent cinquante ames dans une seule habitation, craignant que la maladie qui désoloit les Oumalouminecks, ne les exposât à se replonger dans leurs superstitions par le desir excessif qu'ils ont de la santé, tout malade qu'il étoit lui-même, il se fit porter chez eux, et leur inspirant de la patience par la sienne, il les retint dans leur devoir.

Le Pere Alloüez si connu dans les anciennes relations du Canada ne perdant rien de son zele dans les infirmitez de son âge, cet homme dis-je qui a un talent extraordinaire pour se faire aimer et craindre de tous les Sauvages dont il ne peut se separer sans les mettre en larmes, s'étant appliqué particulierement aux Miamis et aux Ilinois, les délivra d'abord de certaines observances superstitieuses, et de quelques jeûnes excessifs que les vieillards faisoient observer par force à la jeunesse sous le prétexte religieux de luy faire connoître par des songes en dormant, à quoy étoit attachée leur heureuse destinée : ensuite il se reduisit à garder avec eux une rigoureuse abstinence dans les bois, où il les suivit durant tout l'hyver. A peine y trouvoit-on quelques méchantes racines, que les femmes cherchoient dans la terre, et qui ne pouvoient suffire à tout le monde. La disette et la faim ne luy firent rien perdre de son assiduité à les instruire, en marchant avec des fatigues continuelles dans des prez, des marêts, et des vallons inondez, separez les uns des autres par de petites éminences de beaux bois et de terre seiche : il s'est vû obligé de passer en un seul jour onze et douze de ces marêts qui n'en faisoient quasi qu'un bien long et bien ennuyeux. Le froid qui dans ce païs-là est assez cuisant pour se faire sentir, n'étant pas assez fort pour glacer entierement les eaux, on enfonçoit souvent jusqu'aux genoux ; cependant il falloit toûjours gagner chemin pour trouver de nouveaux vivres, et dans le temps de la marche, nôtre Pasteur Evangelique tout blanc de vieillesse, s'accommodoit aux pas de ces brebis égarées, il s'approchoit tantôt de l'un et tantôt de l'autre ; quelquefois aussi un petit nombre de gens s'assembloit autour de luy pour l'écouter, nonobstant les gros fardeaux dont la pluspart étoient chargez ; et plusieurs gagnez par la charité qu'il leur témoignoit en venant de si loin travailler avec tant de peine à leur salut, se laissoient persuader de la verité de la Religion Chrêtienne.

Plusieurs Chaoüanons que la guerre des Iroquois avoit fait deserter leur païs assez éloigné du côté du Sud, et qui s'étoient joints pour lors aux Miamis, furent vivement touchez de ce spectacle ; et ils ne pouvoient se lasser de dire que ce Pere étoit bien un autre homme que certains Europeans de leur connoissance, qui ne leur avoient jamais fait la grace et l'amitié de les instruire. Apparemment ces Europeans sont les Hollandois, qui comme l'on sçait, n'ont nul zele pour la conversion des infidelles, en quelque païs qu'ils les trouvent, et encore moins pour les Sauvages de l'Amerique, qu'ils regardent comme des bêtes pour qui le Paradis n'est pas fait.

Le même Pere n'a pas eu moins de soin des Ilinois ; il sceut qu'ils avoient resolu de tuer le premier François qui viendroit chez eux, il y fut, et il leur dît qu'il étoit informé de leur dessein, mais que le desir de les sauver l'avoit emporté sur la crainte de mourir, et qu'ils pouvoient faire de luy ce qu'il leur plairoit, pourveu qu'il eût le bonheur de leur faire connoître Dieu, en qui il avoit mis sa confiance. Cette declaration les desarma ; C'est maintenant, luy dirent-ils, que nous connoissons que tu nous aimes et que tu es nôtre vrai Pere, fais toy-même tout ce que tu voudras de nous. Il ne manqua pas la conjoncture, il fit sur le champ une Chapelle de joncs, où ces pauvres gens accoururent en si grand nombre que ne pouvant y tenir tous, ceux qui demeurerent dehors, firent à ce petit bâtiment des ouvertures de toutes parts, et assisterent aux instructions du Pere avec une ardeur inconcevable : moins il les épargnoit en invectivant avec force contre tous leurs vices, plus ils étoient attentifs à l'écouter ; ils le suivoient même par tout quand il sortoit, et ils ne luy donnoient presque pas de repos ni jour ni nuit, Heureuse importunité qui soûtient un Missionaire en l'accablant.

De sept Jesuites qui étoient dans cette Mission en 1683. il y en avoit quatre presque hors de combat par leur âge ; et sans le secours de quelques François, qui par vertu s'étoient donnez à eux pour les servir gratuitement dans les voyages continuels qu'il falloit faire, on n'auroit jamais pû en soûtenir la dépense : il y avoit aussi deux Freres de la même Compagnie qui ne contribuoient pas peu par leurs soins à faire subsister leurs Peres.

Les Missions de Tadoussac ne sont pas moins penibles que celles des Outaoüaks, quoi qu'elles ne soient pas si étenduës. Les peuples n'y ont point d'habitations fixes, excepté les Montagnaïs, ausquels se sont joints quelques Algonkins, qui font tous profession du Christianisme, et qui de concert ont fait un établissement à trente lieuës de l'embouchure du Saguenay, où ils passent une partie de l'année pour traiter des pelleteries avec les François qui s'y sont aussi établis : c'est-là que les autres Sauvages étant attirez par le commerce, et voyant par occasion les exercices qu'on y fait de la Religion Chrêtienne, en prennent une haute idée ; d'où il est arrivé que la foy s'est portée comme d'elle-même dans plusieurs petites Nations, où les Missionaires sont obligez de faire des courses d'autant plus fatigantes qu'elles se font ordinairement dans la saison de l'hyver, qui est plus rude et plus longue dans ce païs-là, que dans aucun canton de la Nouvelle France. Comme les glaces n'y laissent en plusieurs endroits la navigation libre que vers le 15. de Juin, on ne peut y suivre les Sauvages qu'à la piste sur les neiges ; on ne les suit même que de loin à cause de la legereté de leurs jambes ; il faut grimper sur des montagnes avec les raquettes aux pieds par le chemin qu'ils ont tracé, et on n'arrive que long-temps aprés eux à une ou deux heures de nuit au lieu où ils campent, dans quelque pauvre cabane ouverte de tous côtez à la pluye et à la neige, souvent sans vivres ; lors qu'on est des quatre ou cinq jours, sans pouvoir rien prendre à la chasse :

tout languissant qu'on est pour lors, il ne faut pas cesser d'instruire les infidelles, de donner les Sacremens aux Chrêtiens, et de secourir les malades, dont le nombre est quelquefois si grand, qu'on est comme accablé de travail dans des conjonctures, où le corps manquant de nourriture, peut à peine se soutenir. Un Missionaire écrivoit, dans une pareille occasion, que la faim la soif et les douleurs qu'il sentoit aux jambes, aux dents, et aux yeux (que la fumée des cabanes avoit presque éteints) l'ayant reduit à ne pouvoir plus dire ni la Messe ni son Office, ne luy avoient laissé de forces qu'autant qu'il luy en falloit pour se traîner de cabane en cabane, auprés des moribons, étant luy-même presque aussi mal qu'eux, et donnant de la compassion à ceux qui naturellement n'en sont gueres susceptibles : jusques-là que le Capitaine craignant de perdre ce Pere commun, luy fit chercher dans les bois quelques fruits sauvages qui s'y trouverent encore ; et qui tout méchans qu'ils étoient furent le seul soulagement qu'on luy pût donner ; encore la charité l'obligea-t-elle de les partager avec les autres malades, selon la loüable coûtume que les Sauvages observent constamment entr'eux.

Il y a durant l'été de certains temps où ils s'assemblent en plus grand nombre pour peu de jours, tantôt d'un côté, tantôt de l'autre ; et si on négligeoit ce temps-là, on seroit un an sans les voir. Pour lors quelque éloignez qu'ils puissent être, les Missionaires ne manquent point à les aller joindre pour baptiser leurs enfans, pour confesser les adultes, et pour achever de gagner à Dieu ceux qui n'ont pas encore receu le Baptême ; ils vont même tous les ans sur la fin de cette saison aux autres peuples du Nord, trente lieuës plus bas que le Saguenay, pour y faire de semblables fonctions, et pour s'y reposer de la lassitude du chemin par les travaux de l'Apostolat : mais ils avoüent dans leurs lettres, que toutes les souffrances de ces courses, soit d'été, soit d'hyver, sont merveilleusement adoucies par l'ardeur que plusieurs de ces bonnes gens ont à se faire instruire ; par l'innocence qu'on remarque en d'autres dans des confessions de plusieurs années, et par les saintes dispositions, où il plaît à Dieu de mettre quelques personnes mourantes, qui sembloient n'attendre la venuë d'un Prêtre, que pour mourir plus chrêtiennement entre ses mains.

Si les Missions des Iroquois sont plus douces et plus aisées du côté des voyages, parce qu'elles sont sedentaires, elles sont moins consolantes et moins supportables par la difficulté de la conversion de ces peuples, dont la fierté et la ferocité naturelle, jointe à la fureur et à la cruauté que leur inspire l'yvrognerie, les rend plus opposez que tous les autres à l'esprit et aux vertus du Christianisme. Dans le temps de leur yvresse leurs cabanes sont de vives images de l'enfer ; ils se mordent et se tuent les uns les autres ; ils frappent pour lors sans discernement, amis, parens, enfans et femmes ; ils ne connoissent plus ni anciens, ni Capitaines ; ils entrent même en furie chez les Missionaires, et là le pistolet à la main, ou armez de barres de fer, ils les veulent assommer ; et c'est une merveille qu'ils ne l'ayent pas fait jusques ici, s'étant mis plusieurs fois en état d'executer ces horribles attentats, et ayant contraint ces Peres, aprés avoir échappé comme par miracle à leur violence, de se retirer pendant quelque temps, par le conseil des plus sages de la Nation, qui desirent du moins s'épargner la douleur de les voir perir à leurs yeux, quand ils n'ont pas le pouvoir de les mettre autrement à couvert du coup de la mort.

Il est vrai que tous ces Sauvages ne se livrent pas également à la boisson, et que ceux qui s'y abandonnent sans mesure, ne le font pas en tout temps ; mais ils sont d'ailleurs pour la pluspart si vifs et si inconstans, si ennemis de tout autre travail que de celui de la guerre, si sensibles aux injures, et si déterminez à les venger, si jaloux de la grandeur des autres Nations, si passionnez de la gloire des armes, et si enflez des succés qu'ils ont eus (principalement depuis quelques années) dans leurs expeditions militaires contre leurs ennemis ; que se regardans comme les maîtres de la terre, à peine daignent-ils écouter ce que des étrangers leur veulent apprendre du chemin du ciel ; ils les méprisent souvent, ils les rebutent, ils les évitent ; mais ces charitables Medecins de ces pauvres ames, sans se lasser de souffrir leurs mépris, leurs rebuts et leurs fuites, les attendent avec patience jusqu'à la mort ; et il y a quelques années qu'à Sonnontoüan et à Oiogoüen, où les Sauvages ont le plus d'éloignement de la foy, il n'en mouroit presque aucun qui ne s'y fit baptiser avec des dispositions qui surprenoient. On admiroit encore plus ceux qui avoient le courage de demander le Sacrement en pleine santé au milieu de tous les obstacles qu'ils y avoient. Opposez qu'ils sont par tant d'endroits à l'humilité et à la douceur de l'Evangile, on ne sçait par où les attaquer et les prendre ; aussi est-ce à leur égard que la grace remporte des victoires plus éclatantes et plus completes ; et lors qu'elle s'est fait une fois entrée dans leurs cœurs, elle s'en rend si absolument la maîtresse, qu'ils ne sont plus connoissables : elle fixe leur legereté, elle secouë leur paresse, elle mortifie leur intemperance, elle abbaisse leur orgueil, elle adoucit leur ferocité, elle amortit leur ressentiment, elle desarme leur cruauté, et plus on les a vûs emportez dans le temps de leur desordre, plus ils deviennent moderez, aprés le bienheureux moment de leur entrée dans l'Eglise : c'est parmi eux que commencent à se former ces ames si pures et si genereuses dont les Missions de la Montagne et de S. Xavier du Sault sont composées : car craignans de se corrompre dans leurs païs, aprés avoir goûté la perfection de l'Evangile, on les voit tout quitter de fort bon cœur, pour aller chercher un azyle, où tout innocentes qu'elles sont depuis leur Baptême, elles vivent en penitentes le reste de leurs jours dans la pratique des austeritez les plus crucifiantes.

Mais pour revenir aux conquêtes que les Jesuites font sur le Démon, au milieu de ses plus grandes oppositions dans le centre même de son empire ; on sçait qu'à Onnontagué aussi bien qu'ailleurs, on a esté long-temps sans pouvoir entrer dans les cabanes ; il a plu à Dieu de les ouvrir à la faveur des remedes qu'on y distribua aux malades, et que Mr le Maréchal de Bellefonds ayant obtenus de Mr Pelisson (qui les donne gratuitement de la part du Roy) avoit envoyez sur les lieux. Ces remedes ont fait de petits prodiges pour la guerison des corps et des ames ; presque tous ceux qui en ont pris en ont senti les effets, et il est arrivé de là que les Jongleurs, qui sont leurs medecins diaboliques, ayant perdu leur credit, on s'est adressé aux Missionaires, qui ont profité de l'occasion pour accrediter nôtre sainte foy.

De plus dans un autre Bourg où la Religion n'est pas moins combattuë, ceux qui en font une profession publique ont conceu par les instructions de ces Peres un si grand respect pour la Croix, que les plus considerables familles en ont fait planter avec pompe de fort belles, à l'envi les uns des autres, sans qu'on les y eût exhortez ; la ceremonie fut si touchante, que les anciens, les femmes et les guerriers mêmes qui n'étoient pas encore Chrêtiens, voulurent y prendre part, et pendant que les uns chantoient avec les fidelles des Cantiques spirituels en l'honneur d'un Dieu crucifié, et qu'ils étendoient ensemble leurs loüanges sur nôtre Roy tres-Chrêtien (qu'on leur avoit fait connoître comme le plus puissant et le plus pieux défenseur de la Croix) les autres pour rendre la Fête plus solemnelle faisoient retentir l'air des décharges continuelles de leurs armes. Peu de temps aprés ils s'encouragerent à se convertir parfaitement ; une femme donna l'exemple, et toute Neophite qu'elle étoit, elle devint une fervente Catechiste : personne d'entr'eux ne mouroit qui ne fit des exhortations touchantes à ceux qui resistoient encore à la grace : les enfans mêmes se faisoient en cet état les prédicateurs de leurs parens. On vit un de ces petits innocens dire en mourant à son pere, qui étoit un Jongleur entêté de ses superstitions ; Mon pere, je vois Jesus qui m'appelle au ciel, je suis Chrêtien, je vais le trouver, et je n'iray pas seul, mon frere viendra avec moy, adieu, mon pere ; encore une fois, je suis Chrêtien, je m'en vais au ciel ; et quelques momens aprés il mourut. Une autre petite fille se trouvant à l'extrémité sans avoir esté baptisée, dît tout haut à ses parens, qu'elle venoit de voir Jesus qui l'avoit avertie de se faire Chrêtienne, pour éviter le malheur d'un de ses oncles et de quelques autres de sa connoissance morts infidelles, qu'elle voyoit tout en feu ; pendant que de certains qu'elle avoit connus, et qui avoient receu le Baptême, luy paroissoient éclatans de lumiere en compagnie de leur Sauveur. Soit qu'il y ait eu quelque chose de surnaturel dans ces prétenduës apparitions, soit qu'elles ne soient que les effets naturels d'une imagination frappée des discours que ces petites creatures avoient entendu souvent, sur la force qu'a le Sacrement de regeneration, d'ouvrir le ciel aux personnes qui le reçoivent; il est toûjours certain que Dieu s'est servi de ces évenemens pour donner aux peres de ces bienheureux enfans des sentimens pour la foy, bien differens de ceux qu'ils avoient eu jusqu'alors.

Les Agniez sont de tous les Iroquois les moins difficiles à gagner ; on en a baptisé en une seule année jusques à deux cens vingt, qui n'ont pas vécu longtemps aprés leur Baptême. Il y en a un grand nombre, dont les uns pour fuir le voisinage d'Orange, et les scandales de leurs compatriotes, se transplantent dans les Missions de leur Nation qui sont au milieu de nous, et les autres tiennent bon dans leurs villages contre tous les désordres qui les environnent. On y a vû des femmes et des filles garder constamment depuis Noël jusqu'à la Fête des Rois, et pendant tout le Carême, la resolution qu'elles avoient prise de s'abstenir de toutes sortes de festins et d'assemblées de plaisir, afin de passer l'un et l'autre temps, avec plus de sainteté, malgré toutes les sollicitations pressantes qu'on leur faisoit du contraire. On y a vû aussi entre tous les autres exemples de generosité que les hommes ont donnez, un trait particulier qui merite d'être rapporté un peu plus au long.

Un Chrêtien qui servoit de Catechiste, sollicité d'aller à la guerre, et voyant qu'on luy reprochoit, que le Christianisme affoiblissoit le courage, fut trouver le Pere qui avoit soin de cette Eglise, et luy dit, que pour sauver l'honneur de la Religion, plutôt que pour se laver de la reputation d'être un lâche, il avoit resolu de se mettre en campagne : J'y vais, luy dit-il, non pas pour me battre, pour piller, pour tuer des Ilinois ; j'y vais pour soûtenir les interêts de Jesus-

Christ, dont on attaque la Religion en ma personne. Mon occupation dans la marche sera d'instruire les gens de bonne volonté, et d'empêcher tout le mal qu'on voudroit faire en ma presence. J'ay vû moi-même, ajoûta-t-il, le massacre impitoyable qu'on fait des enfans, quand on se rend maître de quelque village ennemi; j'en baptiseray le plus qu'il me sera possible, et je rendray ce même office à tous les adultes captifs qu'on me permettra d'instruire avant qu'on les brûle. Le Pere respectant l'esprit qui l'animoit, n'osa pas s'opposer à son dessein, et aprés luy avoir appris la formule du Baptême, et ce qu'il jugeoit le plus necessaire, il le laissa partir en luy donnant sa benediction. Ce brave fidelle executa à la lettre tout ce qu'il avoit prémedité, il arracha plusieurs enfans des mains de ceux qui les massacroient, afin de les baptiser avant qu'ils rendissent l'esprit; il disposa même à la mort plusieurs de ses compagnons qui avoient esté blessez dans le combat, et il laissa à tout le monde, une pleine conviction que la foy Chrêtienne bien loin d'affoiblir le cœur, luy donne un nouveau degré de generosité que l'infidelité ne connoît pas.

Ce que ce vaillant homme vouloit faire en faveur des ennemis pris en guerre qu'on condamneroit au feu, c'est ce que les Missionaires font souvent au retour des expeditions militaires: quelques-uns d'entr'eux ont obtenu qu'on conduiroit à leur Chappelle ces prisonniers avant que de les mener au supplice, et il n'en passe gueres par leurs mains qui ne soient baptisez avant que d'aller à la mort. Entre plusieurs qui eurent ce bonheur dans une même année, et qui tous s'estimoient heureux au milieu de leurs tourmens, par l'esperance qu'ils avoient des joyes du ciel, il y en eut quelques-uns qui étant déjà couverts de playes, levoient leurs mains sanglantes et tronçonnées vers le ciel, en adorant et invoquant le vray Dieu qu'on venoit de leur annoncer, et qui à force d'embrasser par reconnoissance celuy qui leur avoit ouvert le chemin de la felicité éternelle, le remplissoient sans y penser du sang qui couloit de leurs blessures, et luy communiquoient en même temps la consolation dont ils étoient remplis eux-mêmes.

Il me seroit aisé d'ajoûter encore plusieurs choses qui ne seroient pas moins édifiantes que celles que j'ay écrites jusqu'ici, mais il me semble que c'en est assez pour donner une grande idée de ce qui se passe dans les Missions du Canada, et il est temps de finir par ce qui regarde la conduite des François qui composent la Colonie.

Le peuple communément parlant, est aussi devot que le Clergé m'a paru saint. On y remarque je ne sçay quoi des dispositions qu'on admiroit autrefois dans les Chrêtiens des premiers siecles ; la simplicité, la devotion et la charité s'y montrent avec éclat, on aide avec plaisir ceux qui commencent à s'établir, chacun leur donne ou leur prête quelque chose, et tout le monde les console et les encourage dans leurs peines.

Dans l'incendie qui arriva aux Ursulines de Quebec, il n'y eut personne qui ne prît part à leur douleur, et qui ne s'efforçât à reparer selon son pouvoir leur perte : tous les Corps du Clergé seculier et regulier, qui sont parfaitement unis ensemble, donnerent l'exemple, et contribuerent à l'envi à secourir ces pauvres filles ; il y eut des Communautez qui se dépoüillerent de leur propre necessaire, pour le donner en cette occasion à celles qui se trouvoient dépourvuës de tout ; mais quelque effort qu'on ait pû faire sur les lieux, on a esté obligé de recourir en France aux aumônes des gens de bien, et c'est de ce côté-là qu'on attend tout le secours dont on a besoin.

Il y a quelque chose de surprenant dans les habitations qui sont les plus éloignées des Paroisses, et qui ont méme esté long-temps sans voir de Pasteurs. Les François s'y sont conservez dans la pratique du bien, et lors que le Missionaire qui a soin d'eux fait sa ronde pour aller administrer les Sacremens d'habitation en habitation, ils le reçoivent avec une joye qui ne se peut exprimer ; ils font tous leurs devotions, et on seroit surpris si quelqu'un ne les faisoit pas ; ils s'empressent à écouter la parole de Dieu, ils la goûtent avec respect, ils en profitent avec une sainte émulation ; celui qui donne sa maison pour y celebrer les divins mysteres, s'estime infinimont heureux et honoré, il donne ce jour-là à manger aux autres ; le repas qu'il fait est une espece d'Agape, où sans craindre aucun excés on se réjouït au Seigneur. Cela se remarque sur tout dans l'Acadie, où l'on ne se sert d'aucune boisson enyvrante, et où l'on reserve le peu qu'on a de vin pour la sainte Messe et pour les malades. La conversation qui suit le dîner, est une instruction familiere, où les plus âgez n'ont point de honte de répondre aux questions que fait le Missionaire. On l'informe ensuite des petits démêlez qui peuvent être entre les familles ; et s'il se trouve quelque differend, ce qui est rare, il l'accommode sans que les parties resistent. Chaque maison est une petite Communauté bien réglée, où l'on fait la priere en commun soir et matin, où l'on recite le Chapelet, où l'on a la pratique des examens particuliers avant le repas, et où les peres et les meres de familles suppléent au défaut des Prêtres, en ce qui regarde la conduite de leurs enfans et de leurs valets.

Tout le monde y est ennemi de l'oisiveté, on y travaille toujours à quelque chose ; les particuliers ont eu assez d'industrie pour apprendre des mêtiers d'eux-mêmes ; de sorte que sans avoir eu le secours d'aucun Maître, ils sçavent presque tout faire. Il est vray qu'on n'est pas dans le même embarras dans les lieux qui sont plus proches de Quebec, mais il y a encore beaucoup à souffrir par tout, et la pluspart portent avec une grande resignation les souffrances inseparables de leur état, dans un païs où peu de gens sont à leur aise.

Si les Prêtres sont édifiez de la vie des laïques, les laïques ne le sont pas moins de la conduite des Prêtres, qui se sont soûtenus jusqu'à present dans une grande estime et reputation de sagesse ; quoi que la pluspart ayent esté exposez par la necessité où ils ont esté, et où ils sont encore en plusieurs endroits, de loger dans des maisons seculieres, mêlez avec toutes sortes de personnes. La fidelité qu'ils ont à la grâce les conserve dans ce mélange, on ne s'apperçoit pas qu'ils y perdent rien de l'esprit interieur, qu'ils ont pris dans les Seminaires, où ils ont demeuré quelque temps pour se sanctifier eux-mêmes, avant que d'être appliquez au salut des autres, et où ils retournent de temps en temps pour entretenir la ferveur qu'ils y ont puisée ; ils font tous les jours leur oraison, et tous les ans leur retraite ; ils aiment la pauvreté, et ils vivent dans un parfait abandon à la divine Providence : à peine ont-ils eu durant plusieurs années le necessaire, et cependant ils n'ont pas laissé de travailler infatigablement sans argent et sans maison, logez comme on a dit, par charité dans des lieux fort incommodes, mangeant ce qu'on leur donnoit comme par aumône, et reduits souvent à boire de l'eau, dans leurs courses apostoliques.

Le Roy connoissant la necessité de pourvoir à la subsistance de ces ouvriers évangeliques, dont on a esté obligé depuis peu d'augmenter le nombre, qui pourra croître encore dans la suite, a bien voulu suppléer par sa liberalité royale, à ce qui nous manquoit pour l'entretien de quarante Curez qu'on a établis; il nous aide même à leur bâtir des Eglises et des Presbyteres dans les campagnes, sans rien retrancher de ce qu'il nous donne chaque année pour achever nôtre Cathedrale, et pour contribuer au soûtien des Missions, des Hôpitaux, des Seminaires et de toutes les autres Communautez.

C'est luy qui par un surcroît de bonté et de magnificence m'a accordé une Abbaye pour unir à l'Evêché de Quebec, un fonds pour élever dans la basse Ville une Chapelle qui serve d'aide à la Paroisse, et de quoy payer non seulement mes Bulles, mais encore une maison Episcopale, que j'ay cru devoir acheter pour loger à l'avenir mes Successeurs, sans être à charge au Seminaire, où j'ay fait jusqu'ici, à l'exemple de mon Predecesseur, ma résidence.

Le témoignage que je rends en cet endroit à la pieté de ce grand Prince, est la moindre reconnoissance que je lui doive, et je n'auray point assez de vie pour reconnoître devant Dieu les graces generales et personelles que j'ay receuës de luy pour mon Eglise et pour moy-même.

Que si dans les bienfaits dont il nous comble, sa sagesse met quelques bornes à sa puissance, il semble qu'il ne le fasse, que pour donner lieu aux gens de bien de son Royaume, de partager avec luy le merite d'une charité qu'il desire qu'on imite ; car on peut dire qu'en faisant beaucoup, il laisse encore une ample matiere au zele de ces grands cœurs, qui ne pouvant se renfermer dans leur païs, s'étendent avec plaisir dans l'un et dans l'autre hemisphere ; et j'espere que ce qu'il ne juge pas à propos de faire tout seul par ses finances, son exemple le fera par les aumônes des autres.

Le plus considerable de tous les presens que sa Majesté nous ait faits, c'est assurément le nouveau Gouverneur qu'elle nous a donné, et l'Intendant qu'elle y a joint.

Ces deux grands biens avec tous les autres, dont je viens de faire le dénombrement en peu de mots, nous viennent de sa Majesté, par le canal de Mr le Marquis de Seignelay, qui au milieu de son élevation et de ses occupations importantes et continuelles dans l'Ancienne France, étend son activité et ses soins sur la Nouvelle, où il donne avec plaisir sa protection à l'Eglise, à la Colonie et aux Missions ; et je me sens obligé de dire ici, qu'outre les obligations generales que je luy ay pour un païs dont j'ay l'honneur d'étre l'Evêque, je feray profession toute ma vie de luy en avoir de particulieres, puis qu'il est vray qu'on ne peut pas me traitter mieux qu'il le fait en toutes sortes de rencontres. J'admire son discernement dans le choix qu'il a fait de Mr le Marquis de Dénonville et de Mr de Champiguy pour les proposer au Roy, on ne pouvoit pas choisir deux hommes plus propres aux deux emplois dont sa Majesté les a jugez dignes.

Quelque idée qu'on ait en France du premier, elle est au dessous de celle qu'il donne tous les jours de luy-même en Canada ; c'est-là que sans rien perdre de la vertu et du grand cœur qui l'ont si fort distingué en France dans la profession des armes, on luy voit faire un usage également sage et desinteressé de l'autorité qui luy est commise ; il n'en use que pour empêcher le mal, et pour soûtenir le bien : ses graces ne sont pas pour ces faux amis du monde, qui ont coûtume de faire par interêt leur Cour aux grands ; mais pour les pauvres et pour les miserables qui ont besoin de protection, et dont il veut connoître à fonds la sincere probité, et les vrais besoins ; il entre dans le détail des familles pour les secourir ; il s'informe de l'état de leurs affaires ; il écoute tout le monde ; il ne rebute personne ; autant qu'il est plein de religion, autant est-il l'ennemi du libertinage et de l'injustice ; et comme il est irreprochable dans ses mœurs et inflexible dans son équité, il ne considere que les gens de bien, il ne se laisse point prévenir, il ne se précipite en rien, il juge sainement de tout, son genie qui jusqu'à ce nouvel employ n'avoit manqué que d'occasion pour se produire, se développe à present dans toute son étenduë ; et à le voir agir comme il fait avec facilité, avec prudence et avec force, on diroit qu'il a déja gouverné long-temps : la multitude de ses occupations non seulement ne l'accable point, mais même elle ne le dissipe pas, et ne diminuë rien de l'application qu'il donne tous les jours à la grande affaire de son salut ; il s'y applique comme s'il n'avoit que celle là, car outre le temps qu'il donne en particulier à la priere et à la lecture des bons livres, on le voit faire exactement en public le devoir d'un excellent Paroissien, assister aux Sermons et au service divin, frequenter les Sacremens, entendre souvent plusieurs Messes avec un air de devotion qui en inspire à tous les autres, et donner un merveilleux exemple du respect qu'on doit avoir pour les choses saintes, et pour tous les Ecclesiastiques ; de sorte qu'on peut dire de luy, qu'il est un aussi bon serviteur de Dieu, qu'il est un fidelle Ministre de son Prince.

Madame la Gouvernante l'imite de prés : elle est à la tête de toutes les bonnes œuvres, toûjours la premiere aux Messes de Paroisse, aux Processions, aux Saluts, et à toutes les devotions publiques, tantôt dans une Eglise, tantôt dans une autre : elle a mis les actions de pieté à la mode dans Quebec, parmi les personnes de son sexe, qui se font honneur de la suivre par tout, même dans les Hôpitaux où elle sert les malades de ses propres mains, et dans les maisons des pauvres honteux, qu'elle assiste selon leurs divers besoins en santé et en maladie ; elle les instruit, elle les console, elle panse leurs playes, elle leur prépare des remedes, elle fait leurs lits ; et tout cela d'une maniere si aisée et si naturelle, qu'on voit bien qu'elle y est accoûtumée, et qu'elle découvre par la pénetration de sa foy la personne de Jesus-Christ dans celle des miserables : elle passe une partie de sa vie dans les Monasteres des filles, où on a cru luy devoir accorder une libre entrée, pour sa propre consolation et pour celle des Religieuses qu'elle édifie beaucoup par sa conversation et par sa conduite ; le reste du temps se passe dans sa maison à élever sa famille et à travailler de ses mains, apprenant encore plus par son exemple que par ses paroles à toutes les personnes qui viennent luy rendre leurs devoirs, qu'une femme Chrêtienne, de quelque rang qu'elle puisse être, ne doit jamais demeurer inutile, et que dés qu'elle ne fait rien, elle est en état de faire beaucoup de mal.

Tel étoit le bonheur du Canada quand j'en partis pour repasser en France : et pour comble de félicité, le ciel nous avoit envoyé depuis peu un Intendant, dont les bonnes et les grandes qualitez sont aussi connuës à Paris que son Nom et sa Naissance. Dans le peu de temps que j'eus la joye de le voir avant mon départ, il me parut avoir beaucoup de capacité, de droiture et de probité, et j'apprends par les Lettres que je viens de recevoir, que sa conduite répond parfaitement à l'attente des peuples, qu'il s'acquite tres-dignement de son employ, et qu'il agit si fort de concert avec Mr le Gouverneur, qu'on peut tout esperer de cette parfaite intelligence pour le bien general du païs.

Madame sa femme a de l'esprit au delà du commun des personnes de son sexe; elle a le cœur pour le moins aussi bon que l'esprit, et ce qu'on m'écrit de sa charité pour les affligez et pour les pauvres, me donne une consolation sensible. Comme elle est aussi unie à Madame la Gouvernante que Mr l'Intendant l'est à Mr le Gouverneur, la pieté regnera par tout, et les affaires publiques en iront mieux.

Dieu a déjà beni sensiblement la parfaite intelligence qui est entre ces deux Messieurs par le succés qu'il a donné à la guerre qu'on porta l'année passée chez les Iroquois, dans le païs des Sonnontoüans ; et j'ay crû que je devois inserer en cet endroit ce que j'en ai appris par diverses Lettres.

Mr le Marquis de Dénonville prévoyant bien qu'il faudroit dans peu faire la guerre pour prévenir les entreprises des ennemis de la Colonie-Françoise, avoit donné dés l'année 1686. de bons ordres pour assembler les peuples du Nord et du Sud avec les François qui sont dispersez dans la profondeur des bois à quatre et cinq cens lieuës les uns des autres, afin de s'opposer tous ensemble au dessein que les Hollandois et les Iroquois avoient formé de concert de se rendre maîtres de tout le commerce, en s'emparant de Niagara et de Michilimakinac.

L'hyver se passa à faire tous les préparatifs et toutes les provisions necessaires pour la campagne, et à mettre le fort de Katarakoüy en état de se bien défendre pour la seureté du païs. Tout cela se conduisit avec un si grand secret, que ni les François, ni les Sauvages, soit Chrêtiens, soit Infidelles, ne s'apperçurent de rien, et cependant on amusoit les Iroquois par diverses negociations, pendant lesquelles ils ne laisserent pas de faire divers actes d'hostilité sur les Sauvages sujets du Roy. Tout étant prest, on publia la guerre dans Quebec avec des solennitez extraordinaires ; et aprés avoir indiqué des prieres generales pour tout le temps de la campagne, M. le Marquis se rendit à Montréal quartier d'assemblée, d'où il partit le onziéme jour de Juin 1687. à la tête de son petit corps d'armée composé de trente-deux Compagnies, qui formoient huit Bataillons, dont quatre étoient des troupes du Roy, et quatre de la milice du païs ; le tout embarqué sur deux cens bateaux, qu'on avoit fait construire exprés, et équipper abondamment de toutes choses. Il s'y joignit dans un grand nombre de canots trois cens Sauvages : sçavoir cent cinquante du Sault et de Lorette, cinquante de la Montagne, et le reste de Sillery, avec plusieurs volontaires de la Colonie.

Il plut à Dieu de favoriser ce General par plusieurs évenemens, qu'on a regardez comme des récompenses anticipées de sa pieté.

I. Avant son départ de Quebec, il eut la joye d'y voir arriver M[r] le Chevalier de Vaudreüil avec huit cens hommes, qui par un bonheur extraordinaire étoient passez de France en bonne santé en trente-trois jours, et venoient tout à propos pour défendre le païs durant son absence, et suppléer aux travaux des habitans qui le suivoient.

II. De plus au passage des Rapides qui sont au dessus et au dessous du lac saint François, au lieu d'estre arresté comme il le craignoit par quelque embuscade, il prit en chemin sans coup ferir plusieurs espions Iroquois, et il s'assura aussi sans peine à Katarakoüy de prés de deux cens personnes de la même Nation, qui auroient pû fortifier les ennemis, s'ils eussent eu la liberté de les aller joindre, et qui pouvoient dans la suite nous servir d'ôtages pour la sureté des prisonniers qu'on feroit sur nous.

III. Il apprit aussi sur sa marche que trois de ses Capitaines, qui étoient allez devant luy vers le païs ennemi en divers endroits, s'étoient réünis par son ordre à Niagara, où ils s'étoient fortifiez avec quatre cens hommes tant François, que Sauvages, et soixante Hollandois qu'ils avoient pris de la maniere la plus heureuse, et la plus glorieuse du monde ; voici comme l'affaire s'étoit passée.

Soixante Hollandois divisez en deux bandes alloient par deux chemins surprendre Michilimakinac, où les Hurons et Outaoüaks gagnez par l'esperance des presens qu'on leur promettoit d'eau de vie, et de l'achat de plusieurs marchandises à grand marché, étoient préparez à recevoir ces étrangers, et peut-être à faire main basse sur les François. Dieu permit que l'une des deux bandes manquant de vivres, détacha un de ses guides pour en aller prendre, sans faire semblant de rien, dans Michilimakinac même, où le Pere Enjalrand Jesuite l'ayant questionné avec adresse, tira de luy tout ce qu'on avoit interêt de sçavoir, et dans le moment en fit part au sieur de la Durantaye, l'un des trois Capitaines dont on vient de parler ; celui-ci sans perdre temps, quoy qu'il fût separé des deux autres, qui étoient les sieurs Tonty et du Lut, prend ce qui luy reste de François, et suivi d'un plus grand nombre de Sauvages, dont les intentions luy étoient suspectes ; il va audevant de cette bande de Hollandois. Dés qu'il les rencontra en canot, il envoya faire commandement au Capitaine de mettre les armes bas, et de le venir trouver; cet homme se rend avec ses gens sans résistance, la Durantaye le prend, et accompagné des Hurons et Outaoüaks, qu'il s'étoit assurez en quelque façon par sa victoire, il le mene à Michilimakinac, et de là au Fort qu'on faisoit à Toucharontion, où il eut la joye de trouver contre son attent• les sieurs Tonty et du Lut, avec les Ilinois et les Chaoüanons qui avoient voulu le suivre ; et tous trois s'étans mis sur le lac Erié, tombent sans y penser sur la seconde bande de Hollandois, qu'ils prennent avec la même facilité que la premiere.

C'est donc aprés ce coup important qu'ils allerent commencer un fort à Niagara, d'où ils envoyerent à Mr le Marquis le sieur de la Forêt pour luy rendre compte de tout, et dans cette entrevuë on prit des mesures si justes pour assembler tous les Sauvages au rendez-vous qui leur avoit esté marqué un an auparavant à Atenniatarontagouët, que le même jour et à la même heure que Mr le Marquis y arriva, il vit paroître à ses yeux l'assemblée de tous ces Sauvages, qui sur une levée de sable longue de demie lieuë, entre le lac Ontario et un marais de même nom, donnerent le plus rare et le plus extraordinaire spectacle qu'on eût jamais vû dans leur paїs, et qu'on puisse se figurer en Europe. On y vit un fort grand nombre de visages tous differens, avec une pareille diversité d'armes, de parures, de danses et de manieres. On y entendit des chansons, des cris, des harangues de toutes sortes de tons et de langues. La pluspart de ces Barbares n'avoient pour tout habit que des queuës de bêtes derriere le dos, et des cornes sur la tête. Ils avoient le front et les jouës peintes en verd ou en rouge, semées de points blancs ou noirs ; le nez et les oreilles percées et chargées de fer, et tout le corps coloré de diverses figures d'animaux. Il fallut recevoir agréablement les honneurs qu'ils rendirent, et ils eurent sujet d'être contents des honnêtetez reciproques qu'on leur fit.

Si on fut surpris de leur contenance et de leurs usages, ils furent encore plus étonnez de voir le bon ordre et le campement de nos troupes, et l'habileté avec laquelle par la vigilance de leur General, elles firent en deux jours un bon Fort de pieux, assez grand pour y renfermer les canots, bateaux, vivres et munitions, avec une bonne garnison qu'on y laissa, sous le commandement de Mr d'Orvilliers. Ils eurent sur tout un fort grand plaisir à voir le troisiéme jour décamper l'armée que Mr le Marquis mit en bataille. Les trois Compagnies des sieurs de la Durantaye, Tonty, et du Lut, composées de François naturels de Canada, et soûtenuës à droite et à gauche de deux autres compagnies de Sauvages, partie Chrêtiens, et partie Infidelles faisoient l'avant-garde que Mr de Callieres commandoit ; et Mr le Gouverneur marchoit ensuite avec les troupes du Roy et la milice de la Colonie.

On marcha ce jour-là quatre ou cinq heures par un bois clair et uni. Le lendemain on eut d'abord un chemin commode ; quelque temps aprés on entra jusqu'au coû dans des herbages de quelques prairies au milieu de grands côtaux ; puis ayant traversé un espace de terrain moüillé, on se vit à demie lieuë des deserts de Gazeroaré, dont on avoit dessein de surprendre la place, lors que sur les deux heures aprés midy on fut attaqué tout à coup par un parti de Sonnontoüans, qui avoient parfaitement bien choisi le temps et le lieu de leur attaque.

Il faisoit pour lors une chaleur horrible, et on étoit engagé dans un vallon étroit et touffu, bordé de côteaux, et coupé par un petit ruisseau, qui va se joindre à un quart de lieuë de là à un plus gros, dont l'eau coule dans un bocage obscur, mouïllé, et de difficile accés. Six cens des ennemis s'avancerent à la tête du vallon sans être apperceus, et le reste demeura auprés du plus gros ruisseau, à dessein de nous prendre par la tête et par la queuë, et de nous faire tomber d'une embuscade dans une autre. Il arriva même qu'un miserable Renegat les ayant avertis qu'on avoit donné à nos Sauvages alliez des tours de tête de couleur rouge pour pouvoir dans le combat les distinguer des ennemis ; ceux-ci profitant de cet avis avoient pris la même parure, afin de fondre sur nos gens avant que d'être reconnus, et de se confondre avec eux sans qu'on pût les démêler.

Ils prirent apparemment nôtre avant-garde pour toute l'armée, parce qu'ils ne sont pas accoûtumez à en voir de si grosses. Quoy qu'il en soit l'ardeur qu'ils avoient de combattre ne leur donna pas le loisir de déliberer ; et faisant tout à coup d'une maniere effrayante un certain hurlement general, qu'ils appellent en leur langage le Sasakoüa, ils tirerent sur nous de derriere les arbres une grêle de coups de fusils, qui à cause des échos résonnoient comme des coups de canon.

C'est-là que ces Infidelles chargeant d'injures nos Sauvages convertis, et leur disant avec mépris et fierté, venez chiens de Chrêtiens, venez qu'on vous tuë ; deux de nos plus vaillans et de nos plus vertueux Iroquois se signalerent, l'un ayant choisi son homme luy répondit d'un air intrepide ; Tirez, tirez malheureux, et voyez que les Chrêtiens n'ont pas peur de la mort ; mais tirez juste, car si vous me manquez, je ne vous manqueray pas. Ce brave Chrêtien ayant paré le coup de l'infidelle, qui ne fit que l'effleurer, il jetta dans un moment ce miserable par terre. L'autre qui étoit de la Mission du Sault, étant luy seul aux prises avec deux Sonnontoüans, tua le premier de son fusil, et fendit le second du haut en bas avec son sabre.

Tous generalement firent voir en cette journée, qu'ils étoient également attachez à la Religion Chrêtienne, et aux interêts de la France ; ils essuyerent le premier feu des ennemis avec un courage incroyable ; et voyant que ces furieux, qui s'étoient postez à mi-côté pour les battre de plus prés, ils monterent avec vigueur aprés eux faisant sans cesse des décharges, et quelques-uns les poursuivirent à grands coups de sabres et de fléches.

Cependant le corps de bataille s'avançoit à la haste pour secourir l'avant-garde, Mr le Marquis voulant s'opposer au passage des Sonnontoüans, commanda plusieurs Bataillons pour gagner toute la hauteur ; et aprés avoir corrigé quelques mouvemens irreguliers des siens, il fit battre toutes les caisses, et tirer de tous costez si vivement sur tout ce qui paroissoit, qu'en fort peu de tems il contraignit les barbares à tourner le dos ; et n'eût été qu'à leurs tours de têtes et à quelques autres marques on les prit pour nos Outaoüaks, on en auroit tué un plus grand nombre ; mais ce stratagême en sauva plusieurs, qui portant la nouvelle de leur défaite à ceux qui étoient postez au gros ruisseau, leur crierent : fuyez Sonnontoüans, tout est perdu ; de sorte qu'ils prirent tous ensemble la fuite vers Oiogoüen. C'est ce qu'on apprit le lendemain d'un de leurs blessez, et l'on sceut d'ailleurs de quantité d'autres prisonniers, qu'on avoit brûlé le village, et que les vieillards, les femmes et les enfans s'étoient enfoncez avec précipitation dans les bois avec le meilleur de leurs hardes.

Ce qu'il y eut de particulier dans ce combat, c'est que les trois Compagnies de nos François Canadiens se battirent tantôt à la Françoise et tantôt à la Sauvage, par maniere de duël à coups de fusil d'arbre en arbre, aussi bien qu'un bon nombre de volontaires qui tuerent leur homme. Mais les ennemis qui ne sçavent ce que c'est que de se battre sans se mettre à couvert des arbres, ne remarquerent rien tant, que la bravoure et le sang froid du General et de Mr de Callieres, qui chacun dans leur quartier furent toûjours au feu à découvert en chemise à cause du chaud, passant et repassant dans les rangs pour animer tout leur monde.

Nous n'eûmes parmi les nôtres que trente blessez, dont il en mourut onze dans la suite, et on sauva le Pere Enjalrand Jesuite, qui servant d'Aumônier, et allant intrépidement aux coups, avoit receu une blessure assez dangereuse à la hanche.

Entre les Sauvages morts on a particulierement pleuré la perte de deux Chrêtiens, dont l'un étoit de la Mission du Sault, et l'autre de celle de la Montagne ; le premier ayant receu une playe mortelle, s'approcha d'un Pere Jesuite en qui il avoit beaucoup de confiance, et luy dit avec une grande fermeté ; Mon Pere, je suis mort, c'est Dieu qui l'a voulu, je l'en loüe de tout mon cœur ; je n'ay nul regret à la vie, aprés que Jesus-Christ a donné pour moy la sienne avec tant d'amour ; en disant cela, il tomba aux pieds du Pere, et prononçant tendrement les sacrez noms de Jesus et de Marie, il expira.

Le second, qui s'appelloit le Soleil, étoit un homme d'un merite distingué par sa bravoure et par sa vertu. C'étoit le premier Chrêtien de sa Mission, où on l'avoit fait Capitaine de la priere ; et depuis douze ans qu'il avoit embrassé le Christianisme, on estime qu'il avoit conservé son innocence baptismale. Heureux aussi bien que l'autre, d'avoir donné sa vie dans une guerre, qu'on peut regarder comme une espece de sainte Croisade.

On passa la nuit sur le champ de bataille ; et le jour suivant aprés avoir pourveu au soulagement des blessez, on se mit en marche en grand ordre par des chemins épouvantables au travers des herbes, où l'on étoit presque caché, dans un païs moüillé, rempli de buissons et de petits arbres fort épais.

On entra ensuite dans la belle plaine de Gazeroaré, premiere place des Sonnontoüans, fameuse Babylone, où l'on a tant fait de crimes, tant versé de sang, tant brûlé d'hommes ; elle est située sur une agreable éminence, où l'on monte par trois petits tertres en forme d'amphitheatres, et environnée de trois grandes côtes, et d'une plaine fort fertile, longue et large d'une lieuë, qui pour lors étoit chargée de bleds d'Inde presque meurs. On y fut les faucher avec l'épée, et on y trouva quantité de pacquets de hottes, de bouchons de blessures, et plusieurs corps morts, non seulement en cet endroit, mais encore à trois et quatre lieuës de là. On brûla le Bourg avec trois autres et un Fort ; et on croit qu'on ruina environ six cens mille minots de bleds nouveaux, et trente mille de vieux pour affamer le païs, où il étoit impossible que les Sauvages pussent subsister : aussi a-t-on oüi dire à une de leurs femmes, qu'ils étoient resolus, pour vivre, de manger tous les esclaves Miamis qu'ils avoient faits l'année derniere, et qu'ils avoient menez avec eux dans les forests.

On crut pour toutes sortes de raisons, qu'il falloit se contenter de tous ces avantages pour cette année ; que c'étoit beaucoup de s'être rendus maîtres du commerce, d'avoir humilié les Iroquois, et fait porter de leurs chevelures dans toutes les terres ; qu'il ne falloit pas differer d'achever le Fort de Niagara ; qu'il étoit à propos de renvoyer les Sauvages, et sur tout les Algonquins et les Outaoüaks ; que chaque habitant étoit pressé de retourner chez soy par la saison de la recolte, et qu'étant à deux cens lieuës de Quebec, et n'ayant plus de vivres que pour un mois, il étoit temps de licentier les troupes, qui reviendroient de meilleur cœur l'année suivante à une seconde campagne, lorsque l'impuissance, où l'on avoit laissé les ennemis de faire commerce et de semer, les auroit considerablement affoiblis.

On voit par le succés de cette campagne ce qu'on doit attendre de la sagesse et de l'union des personnes qui ont à present l'autorité du Roy en Canada ; et il ne me reste plus rien à dire, sinon que la seule consolation que j'eus en le quittant pour revenir en France, fut d'y laisser deux hommes dont la bonne conduite et la bonne intelligence nous promettent une longue suite de prosperitez pour la Religion et pour l'Etat.

Je m'embarquay le dix-huitiéme de Novembre de l'année 1686. et comme toute la navigation qui dura 45. jours, fut une tempête presque continuelle, on se vit souvent en danger de faire naufrage. Le vaisseau pensa une fois s'entr'ouvrir ; une autre fois il demeura quelque temps sur le côté ; mais sur tout ce fut une merveille, qu'étant battu des flots et des vents durant trente-six heures entre les terres, il ne se brisa point mille fois. L'équipage et les passagers crurent le peril si grand que tout le monde se confessa. J'eus même la consolation dans le reste de la traversée, de recevoir plusieurs confessions generales, de communier plus d'une fois les mêmes personnes, et de voir tout le monde si réglé et si retenu, qu'il y avoit sujet de benir Dieu de nous avoir menez jusqu'aux portes de la mort. Il arriva aussi un certain jour que nôtre bâtiment toucha, et on crut perir dans le moment ; les cris qu'on jetta confusément me parurent capables d'effrayer les plus intrepides. O qu'il est avantageux dans ces rencontres d'avoir une bonne provision de fermeté et de confiance en Dieu ! c'est le meilleur viatique que puissent prendre ceux qui entreprennent ces voyages.

Nous prîmes port à la Rochelle le premier jour de l'année 1687. et aprés y avoir passé quelques jours pour rendre nos actions de graces à Dieu, je me rendis incessamment à Paris. Vous sçavez, Monsieur, que le Roy a bien voulu que je demandasse mes Bulles, et que les ayant obtenuës du Pape, j'ay esté enfin sacré ; je suis resolu de monter sur les vaisseaux (qui partiront ce Printemps) pour aller prendre possession de mon Eglise, et je puis vous assurer qu'en quelque lieu du monde que j'aille je seray toûjours,

MONSIEUR,

Vôtre tres-humble et tres-obeïssant
serviteur JEAN Evêque de Quebec.

Extrait de Privilége du Roy.

PAR grace et Privilege du Roy, donné à Versailles le 5 Février 1688. Signé, par le Roy en son Conseil, BOUCHER. Il est permis à nôtre tres-cher et bien-aimé Conseiller en nos Conseils Jean Evêque de Quebec, de faire imprimer, vendre et débiter un Livre intitulé *Etat present de l'Eglise et de la Colonie Françoise dans la Nouvelle France*, pendant le temps et espace de six années, à compter du jour qu'il sera achevé d'imprimer pour la premiere fois : Et défenses sont faites à tous Imprimeurs, Libraires et autres, d'imprimer ou faire imprimer, vendre et distribuer ledit Livre sous quelque prétexte que ce soit, même d'augmentation, correction, changement de titre, ou d'impression étrangere, sans la permission de l'Exposant, ou de ses ayans cause, à peine de trois mille livres d'amende, confiscation des exemplaires, et de tous dépens, dommages et interests, comme il est plus amplement porté par ledit Privilege.

Et ledit Seigneur Evêque a cedé le Privilege ci-dessus à Robert Pepie Libraire.

Registré sur le Livre de la Communauté des Imprimeurs & Libraires de Paris, le 10 *Fevrier* 1688.

J. B. COIGNARD Syndic.

Achevé d'imprimer pour la premiere fois le 11. Mars 1688.

TABLE

Des matières contenues dans la Lettre de M. l'Evêque de Québec.

ERRATA.

1ère page, 9e ligne, au lieu de *deux de ses oncles*, lisez : *deux de ses [parents.*

3e page, 24e et 25e lignes, au lieu de *eut demandé*, lisez : *aurait de- [mandé ou permis.*

4e	page,	25e	ligne,	au lieu de 1688,	lisez :	1687.
7e	"	1ère	"	" 1702	"	1700.
Id.	"	31e	"	" 1714	"	1713.
8e	"	28e	"	" *attenante à*	"	*attenant à.*

www.ingramcontent.com/pod-product-compliance
Ingram Content Group UK Ltd.
Pitfield, Milton Keynes, MK11 3LW, UK
UKHW012236240726
13966UKWH00003B/1116